독립언론, 함께 홀로서기

한국독립언론네트워크 공동집필

비영리 비당파 공익 탐사보도 전문 매체 창업 보고서

도서출판 뉴스타파

독립언론, 함께 홀로서기

초판 발행 2025년 12월 12일

공동집필 **김용진 김주형 박소영 박채린 이재표 이창호 임병선 최윤정 홍봄**
편집 **조연우**
교정교열·본문디자인 **조연우**
인쇄 **(주)아트가인쇄**

펴낸이 **김동현** 펴낸곳 **도서출판 뉴스타파**
출판등록 2020년 8월 24일 제2020-000128호
주소 **(04625)** 서울시 중구 퇴계로 212-13 뉴스타파함께센터 2층
전화 02-6956-3665
이메일 **yunoo@newstapa.org**

ISBN 979 11 989332 6 3 (03070)
이 책은 저작권법에 따라 보호받는 저작물이므로 무단 전재와 복제를 금합니다.

도서출판 뉴스타파는 뉴스타파함께재단이 만든 출판 브랜드입니다.
세상에 필요한 이야기를 나누는 책을 만듭니다.

추천사

상업주의와 정파주의를 뚫는 독립언론 기대

기자를 직업으로 삼아 일해온 저는, 한때 사학자를 꿈꾸던 때가 있었습니다. 역사의 무대 위에서 명멸한 수많은 인물에 빙의해 '나라면 어떻게 살았을까?', '나는 그들처럼 살 수 있었을까?' 되물어보는 행위가 좋았습니다. 특정한 시기에 떠오른 역사적 인물에 견주어서 나라면 저 상황에서 어떤 선택을 할 것인지, 역사적 상상을 해볼 무한한 기회를 준다는 점이 역사 공부의 매력이라 할 것입니다.

그런데 역사적 인물 중에는 당대에 성공한 사람들도 있지만, 실패한 사람이 많습니다. 역사의 현장에서 성공과 실패를 구분한다는 것이 부질없는 일이겠지만, 예를 들자면 뤼신魯迅, 추진秋瑾, 딩링丁玲 같은 인물이 있죠. 신념으로 희망을 품고 스스로 신산한 삶을 택했으나 그의 시대에는 꿈을 이루지 못하고 극한의 시련 속에 덧없이 스러져간, 그런 실패한 사람들입니다.

미국 역사학자 조너선 스펜서는 이들을 이렇게 평가했습니다. "불을 보는 뻔한 위험에도 아랑곳하지 않고 기꺼이 정치에 몸을 던지고, 거의 가망이 없을 때조차도 확고한 희망을 견지하며 허물어져가는 살벌한 세계에서 정력과 명분만으로 생존의 과녁에 돌진하는 것"

역사의 무대 위에서 이런 궤적으로 삶을 살아낸 이들에게 귀 기울이고 싶어질 때가 있습니다. 돌아보면, 앞날을 내다볼 수 없거나 결과가 너무 뻔한데도 선택할 수밖에 없는 상황에서는 더욱 그러했습니다. 보통의 사람으로서는 도저히 시늉조차 할 수 없는, 이들이 일궈낸 삶의 궤적에 의탁해 제 앞에 놓인 현실을 받아들이고 싶었습니다. 십수 년 전, 제가 선후배들과 함께 뉴스타파 창립을 모색하고 있을 때가 그러했을 겁니다.

이 글을 쓰기 며칠 전, 이 책의 필진 중 한 명인 독립매체 운영자가 새벽에 음식쓰레기 수거 일을 시작했다는 소식을 들었습니다. 현장을 찾아 취재할 시간이 부족하지 않겠냐고 걱정했지만, 수십 명에 불과한 후원자만으로 운영하는 데 힘이 부쳐 새벽일을 할 수밖에 없는 사정을 잘 알고 있습니다. 그에게 안부를 묻는 전화를 마친 뒤 적은 금액이지만 후원금을 보탰습니다.

이 책에 담긴 비영리 독립매체들이 훗날 한국 언론판을 바꾸는 주축으로 성장하기를 기원합니다. 물론 앞날을 예측할 수는 없습니다. 그러나 적어도 이 일을 하고 있다는 그 자체만으로 격려받고 기대받을 자격은 충분하다고 봅니다. 지금처럼 지독한 상업주의와 극렬한 정파주의가 휘몰아치는 한국의 언론 생태계에서 비당파, 비영리 독립 언론을 해보겠다고 나선 이들의 모습에서 '추진', '뤼신'을 포개어 봤다면 지나친 표현일까요?

앞으로 이들 독립언론사가 어떤 평가를 받을지, 이들의 활동이 어떤 결과를 가져올지, 기쁜 마음으로 지켜보며 연대와 협업을 아끼지 않겠습니다.

2025년 11월 19일
한국탐사저널리즘센터-뉴스타파 대표 박중석

목차

	추천사	4
00	프롤로그	14
01	독립언론 100개 만들기	24
02	뉴스어디	56
03	뉴스하다	84

04	미디어 날	122
05	살아지구	148
06	코트워치	178
07	실전, 독립매체 만들기	216
08	에필로그	240

일러두기

2025년 6월경 인천경기지역 독립 탐사보도 매체인 '뉴스하다'가 뉴스타파함께재단에 독립언론 창업기를 함께 출판해보자고 제안했다. 뉴스하다는 뉴스타파저널리즘스쿨이 배출한 제1호 독립언론이다. 2022년 1기와 2023년 2기 수료생 2명이 의기투합해 2023년 7월 설립했다.

이 책은 뉴스하다와 뉴스어디(2023년 설립), 코트워치(2023년), 미디어 날(2024년), 살아지구(2024년) 등 5개 매체가 함께 썼다. 독립언론 육성 프로젝트를 뉴스타파함께재단과 공동으로 조직하고 운영한 뉴스타파도 글을 보탰다.

여러 매체에서 여러 필자가 참여한 만큼 각 장별로 시점이 혼재돼있다. 이 점 독자 여러분에게 미리 양해를 구한다.
프롤로그와 1장은 3인칭, 2장은 1인칭, 3장은 3인칭과 1인칭, 4장과 5장은 1인칭, 6장은 3인칭과 1인칭이 섞여있고 에필로그는 3인칭 시점이다.

프롤로그

죽은 저널리즘의 복원 선언

한국의 비영리 비당파 독립언론을 이야기할 때면 거론해야 할 날이 몇 개 있다. '비영리 비당파 독립언론'이라는 긴 수식어를 충족할 만한 언론사는 한국탐사저널리즘센터-뉴스타파가 처음이기 때문에 모두 뉴스타파와 관련한 날이다.

먼저 2012년 1월 27일이다. 뉴스타파가 중고 가정용 카메라로 촬영하고 노트북으로 편집한 영상 리포트를 유튜브에 처음 올리며 언론 활동을 시작한 날이다. 최소한의 인력과 장비로도 거대 지상파 방송국 못지않은 수준의 방송 저널리즘을 수행할 수 있다는 점을 분명하게 알렸다.

이날 업로드한 뉴스타파 첫 방송 리포트는 13년이 지난 지금도 유튜브에서 볼 수 있다. 2025년 12월 현재 조회수는 35만이다. 13년 전 1월 27일 저녁 최초 업로드한 영상에 오류가 있어서 내리고 다시 수정해 올리는 걸 몇차례 반복하는 바람에 조회수를 많이 날렸다. 날린 조회수까지 합산하면 100만이 넘는다. 당시 유튜브가 영상 공유 플랫폼으로 막 떠오르던 시기였는데도 그렇게 엄청난 관심을 받은 건 "죽은 저널리즘의 복원"을 선언하면서 나타난 뉴스타파가 그만큼 신선했고, 기성 주류매체가 보도하지 않는 사안을 다루는 채널이 그만큼 희소했기 때문이다.

다음으로 기억할 만한 날은 2013년 2월 13일이다. 약 1년간 일종의 취재보도 프로젝트팀으로, 임의단체로 활동하던 뉴스타파가 비영리민간단체로 조직 형태를 채택하고 후원회원 앞에서 정식 언론사로 공식 출범을 선언한 날이다.

이날 이전까지 한국의 언론사는 주식회사나 개인회사, 아니면 KBS나 EBS처럼 정부가 지배권을 갖는 공영체제였다. 그러나 이날 이후 '비영리민간단체'라는 시민 소유 구조의 언론사가 한국탐사저널리즘센터-뉴스타파 출범으로 등장하기 시작했다. 1장부터 차례로 소개할 비영리 독립매체는 모두 비영리민간단체를 조직 형태로 삼거나 지향한다.

독립언론의 첫 질의

또 하나 특기할 만한 날이 2025년 9월 11일이다. 이재명 대통령 취임 100일 기자회견이 열렸다. 강유정 대통령실 대변인의 사회로 열린 기자회견에서는 대통령 모두발언에 이어 회견 시작 15분쯤 뒤 명함

추첨을 통해 OBS 기자가 첫 질문 기회를 잡았다. 그리고 현장에 참석한 기자들의 질문과 대통령 답변이 50분가량 이어진 뒤 강 대변인이 말했다.

"정치 외교 안보 분야에는 독립언론의 질의 영상이 따로 준비돼있습니다. 대통령께서 영상 시청 후 답변해주시면 되겠습니다. 독립언론 코트워치 질의입니다. 함께 보시겠습니다."

대통령 기자회견 현장 스크린에서 사전 녹화한 코트워치의 영상 질의가 흘러나왔다.

"코트워치 김주형입니다. 코트워치는 시민들에게 필요한 법원 콘텐츠를 만드는 독립언론입니다. 이렇게 질문 기회를 주셔서 감사합니다. 코트워치가 법원 방청석에서 가장 많이 만나는 사람은 참사 피해자 가족분들인데요. 대통령님께서도 유가족분들을 만나셨습니다. 그분들의 이야기를 들으시면서 어떤 생각을 하셨는지 궁금합니다.
그리고 현재 우리나라 형사사법절차에서는 참사 피해자 권리가 제대로 보장되지 않고 있습니다. 피해자는 수사나 재판 과정에서 충분한 정보를 제공받고 의견을 전달할 권리가 있습니다. 형사법 절차에서 참사 피해자의 권리를 보장하기 위한 정부 계획이 있는지 궁금합니다."

이재명 대통령이 답했다.

"형사사법절차 내에서 참사 피해자를 위한 별도의 장치가 있느냐? 잘 모르겠네요. 우리 형사소송법상으로 피해자의 정보 접근권이나 예를 들면 기록 열람권, 법정에서의 진술권, 또는 피해자 구제에 관한 법, 구호에 관한 법 이런 것들이 좀 있긴 있습니다.
우리나라 형사법 절차가, 제가 형사사법의 피고인 아닙니까? 지금 재판이 다섯 개에다 사건 수는 11개가 걸려있어요. 그전에도 수없이 많이 재판 받아봤죠. 피해자 보호도 중요한데 피의자 또는 피고인 보호도 매우 중요합니다.
참사 피해자에 대한 특별한 피해자보호제도가 있는지는 모르겠어요. 개별법에 어떤 규정들이 있는지는, 조금씩 있는 거 같긴 하던데 세부 내용은 제가 잘 모르겠고요.
형사법 피해자보호도 사실은 좀 더 강화할 필요가 있죠. 이것도 일종의 사회적 재난, 피해자 입장에서 보면 재난에 해당될 수가 있죠. 우리가 갑자기 비가 많이 와가지고 엄청 피해를 보면 피해를 일부 복구해주잖아요. 우리 모두가 당할 수 있는 일이니까. (중략)

피해자 가족을 보면 어떤 생각이 드느냐? 참사 피해자, 제가 누구 흉보는 것 같아서 얘기하기가 그런데, 대형참사가 발생하는 게 몇 가지 특성이 있는데 여러분 잘 생각해보시면 그게 소위 보수 정권에서 주로 발생합니다. 내가 뭐 그쪽 정권을 비난하려고 하는 팩트 왜곡은 아니에요. 근데 그게 약간의 이유가 있습니다. 제가 지금 산재사고 때문에 계속 얘기를 하는데 뭐 일부에서 그런 얘기 하죠. 아 뭐 대통령이 산재사고 가지고 한두 번도 아니고 몇 번째야 저거 뭐 이렇게 지적하는 사람도 있더라고요.
그런데 산업재해사고를 자세히, 제가 매일 모든 사망사고는 다 보고받고 있는데, 조금만 신경 썼으면 안 죽었을 사고가 너무 많아요. 특히 추락사고 뭐 떨어졌다는데 제가 유심히 보죠. 들어보면 안전대를 설치했나? 아니 통째로 무너졌나? 혼자 떨어졌나? 혼자 떨어진 건 명백한 사용자 과

실이죠. (중략)

근데 만약에 공직자 사회에서 제가 이런 얘기를 하면 공직 사회에서는 확 줄어듭니다. 신경을 바짝 써요. 자기가 책임을 져야 되니까. 근데 (민간업체) 사용자들은 신경을 별로 아직 안 쓰는 거죠. 왜냐면 뭐 그래도 별로 피해가 없거든요. 징계를 당하는 것도 아니고 감옥 가는 것도 아니고 기껏해야 그 고용된 사람이 감옥 가고, 갔다 해도 잠깐 있다 나오고, 재산적 피해도 없고, 다 보험 들어 있으니까 위자료 조금 주면 되고 그러니까 계속 하는 거예요.

대규모 참사가 벌어지는 이유도 자세히 들여다보면 조금만 신경 썼으면 안 날 일들이에요. 대체로 보면 그건 공무원들이 긴장하고 있으면 많이 피할 수 있죠. 완전히 막을 수는 없어요. 저도 끊임없이 노심초사하죠. (중략)

이태원 사고, 가장 최근에 있던 이태원 사고는 정말 황당무계하기 이를 데 없잖아요. 어떻게 그럴 수가 있어요. 그 교통경찰이 통제만 했어도 되는 거잖아, 원래 맨날 해왔던 거잖아 매년, 근데 안 했어요. 왜 왜 안 했는지 잘 모르겠지만 참 억울하겠다, 그 생각이 들죠. 특히 젊은 사람들이 사망하면 자식은 죽어서 가슴에 묻는다고 하잖아요. 부모 가슴에 묻는 거예요. (중략)

국가가 해야 될 가장 기본적인 책무죠. 생명과 안전을 지켜주는 일. 그것도 엄청난 돈을 쓰지 않습니까? 치안 국방. 이거 똑바로 해야죠. 그래서 그분들 보면 미안하죠. 앞으로 이런 거 절대로 안 나게 해야 되겠다 그런 생각 합니다."

이재명 대통령은 독립언론 코트워치의 질의에 긴 시간을 할애해 답변했다. 무려 6분이나 됐다. 기자회견이 1시간 50분쯤 지나갈 무렵 또 다른 독립언론이 호명됐다.

"사회 문화 기타 부문에도 독립언론의 질의 영상이 따로 준비돼있습니다. 영상 시청 후 답변해주시기 바랍니다."

"안녕하세요. 기후 생태 전문 독립언론 살아지구의 임병선 기자입니다. 살아지구가 취재하는 온배수 관련 문제에 대해 질문 드리겠습니다. 발전소 냉각수에 사용되는 화학물질 배출 기준이 사실상 없고, 수온 규제도 없어 어민들과 갈등이 수십 년간 지속되고 있습니다. 사실 과거에도 다른 대통령이 직권으로 이 문제를 해결하려고 했으나 무산됐습니다. 온배수 문제 해결에 대한 대통령의 의지는 어느 정도인지 궁금합니다."

이 대통령은 질문에 아주 간단하게 대답할 수 있을 것 같다며, 발전소 수온 규제가 없기 때문에 어민들이 피해를 입고 생태계가 바뀌는 문제가 있다고 전제하고 근본적으로 배출 온도, 배출 물질 규제는 필요할 것 같다고 말했다.

'독립언론'의 공식화

2025년 9월 11일 이재명 대통령 취임 기자회견에서 화상 질의를 한 코트워치와 살아지구는 독립언론사라는 점 외에 또 다른 공통점이 있다. 뉴스타파저널리즘스쿨과 독립언론 100개 만들기 프로젝트를 통해 탄생한 비영리 독립매체라는 점이다.

물론 대통령 기자회견에서 질문할 기회를 얻었다는 것 자체에 큰 의미를 부여할 필요는 없다. 탐사보도를 전문으로 하는 매체나 기자는 기자회견이나 보도자료에 의존하지 않고 공식적인 자료 이면에 감춰진 사실을 찾아간다. 이날 기자회견의 의미는 다른 데 있다. 과거 청와대 기자회견이나 이번 대통령실 기자회견은 '기자회견'이라는 이름이 붙는 이벤트 중에 가장 규모가 크고 중요도도 높다. 그런 공간에서 최초로 '독립언론'이라는 수식어가 붙은 언론사가 연거푸 호명됐다는 건 그 이름 자체로 의미가 크다. 대통령실이 독립언론이라는 호칭을 굳이 붙인 건, 코트워치나 살아지구가 기존의 다른 언론사와 소유 구조나 외부 영향 여부 등에서 차별화한 매체라는 점을 공식화한 것이라고 볼 수 있다. 그런 측면에서 9월 11일은 훗날 '독립언론'이라는 호칭이 공식적으로 착근한 날로 기억될 수 있을 것이다.

미국의 비영리 언론 네트워크인 INN[Institute for Nonprofit News]은 미국 전역의 비영리매체 500여 곳이 참여하는 거대 조직이다. 미국의 비영리매체에는 으레 비당파[Nonpartisan]라는 조건이 따라붙는다. 미국에서 비영리매체는 국세법[IRC, Internal Revenue Code] 제501(c)(3)조를 적용해 두 가지 혜택이 주어진다. 먼저 단체 법인세가 면제된다. 두 번째는 기부자의 소득공제 혜택이다. 대신 이익이 설립자나 이사, 구성원에 돌아가면 안 되고, 정치 활동도 금지다.

미국이 비영리매체에 비당파성을 요구하는 이유는 해당 매체가 면세라는 사회적 혜택을 받기 때문이다. 세금을 면제해주는 대신, 특정 정당이나 정파가 아니라 공공의 이익을 위해 활동하라는 일종의 사회적 계약이다. 한국도 비슷하다.

 2013년 2월 13일 비영리민간단체로 출범한 한국탐사저널리즘센터-뉴스타파도 일종의 공익단체로 고유목적사업에 면세 혜택을 받고, 후원회원은 소득공제 혜택을 받는다. 뉴스타파는 이를 공공의 이익을 위해 활동하라는, 신성한 구속으로 받아들인다. 언론 활동을 돈벌이 수단이나 모기업의 방패막이로 이용하거나, 정치적 영향력이나 정파적 이익을 누리기 위한 방편으로 삼는 상당수 상업언론, 진영언론과 근본적으로 구별되는 지점이다.

 뉴스타파의 거버넌스 기구인 뉴스타파함께재단은 비영리 비당파 독립매체인 뉴스타파와 비슷한 독립언론을 더 만들기 위해 2022년 독립언론 100개 만들기 프로젝트를 시작했다. 전 세계 언론 역사상 최초 시도다. 한 번도 먼저 간 이가 없다. 당연히 닦인 길도 없다.

 이 장을 넘기면 그 미지의 길, 없는 길을 닦아나가며 고군분투하는 5개 신생 독립매체의 이야기가 생생하게 펼쳐진다. 언론을 언론답게 만드는 게 이들의 유일한 나침반이자 목적지다.

01

독립언론

100개 만들기

우리만 잘 살면 뭐 하나

<한국탐사저널리즘센터KCIJ-뉴스타파>는 2013년 2월 공식 출범 이후 매년 연말 후원회원을 초정해 '회원의 밤' 행사를 연다. 코로나 팬데믹이 전 세계를 휩쓸던 2021년 회원의 밤은 대규모 오프라인 행사 대신 서울 충무로 뉴스타파함께센터 '리영희홀'에서 온라인으로 진행했다.* 이날 행사에서 처음으로 '독립언론 육성 프로젝트' 구상을 공개했다.

당시 김용진 뉴스타파 대표는 인사말에서 그해 국제탐사보도언론인협회ICIJ와 판도라페이퍼스Pandora Papers라는 사상 최대 규모의 조세도피처 탐사보도 프로젝트를 진행해 이재용 삼성전자 회장의 조세도피처 페이퍼컴퍼니 설립과 스위스 비밀계좌 개설 사실 등을 폭로했으나 대다수 매체가 이를 애써 외면한 상황을 거론하며 권력과 자본에 영향을 받지 않는 비영리 독립언론 생태계 조성이 필요하다고 역설했다.

---

* https://www.youtube.com/watch?v=RUCo_0_ZFy0&t=361s

우리가 좀 더 커져야 되겠다, 영향력을 더 키워야겠다는 생각이 절실하게 들었습니다. 그래서 저희가 방송 10년을 맞는 내년에는 새로운 시도를 하려고 합니다. 우리뿐만 아니고 우리와 비슷한 비영리 독립언론이 많이 생길 수 있는 토양을 만들어나가려고 합니다. 이와 관련해 여러 가지 준비를 하고 있는데 구체적 계획이 나오면 회원님들에게 다시 보고 드리겠습니다.

한국탐사저널리즘센터-뉴스타파(이하 뉴스타파)는 당시 <재단법인 뉴스타파함께센터(이하 함께재단)>와 함께 탐사보도 교육과 독립언론 창업을 연계한 전혀 새로운 개념의 저널리즘스쿨 프로젝트 계획을 짜는 중이었다. 2020년 출범한 함께재단은 뉴스타파 거버넌스 기구이자, 기존에 뉴스타파가 해오던 탐사보도 및 데이터저널리즘 교육과 독립언론 연대 협업 사업을 확장해 보다 전문적으로 운영하는 기관이다.

당초 뉴스타파는 조직 정관에 주요 사업으로 '탐사보도 교육'을 명시했고, 설립 다음 해인 2014년부터 대학생이나 언론인 지망생 등을 상대로 매년 여름과 겨울 두 차례 약 한 달의 탐사보도 연수 프로그램을 운영했다. 한 기수당 정원은 8명이고 교육비는 전액 무료였다. 첫 2주간은 탐사보도 이론과 취재 기법, 데이터저널리즘 등을 교육했고, 후반 2주는 탐사취재 실습으로 이어졌다. 이 프로그램은 매우 인기가 있었고 경쟁률도 높았다. 과정 수료 후 주요 언론사 입사 비율도 30%를 웃돌았다.

수만 명의 시민 후원으로 운영하는 비영리 언론기관이자 스스로를 사회적자산으로 여긴 뉴스타파였기에, 작은 조직으로서는 상당히 부담되는 사업임에도 불구하고 탐사보도 및 데이터저널리즘 교육을 수년간 운영할 수 있었다. 교육 자체도 보람 있고, 탐사보도 노하우와 경험을 사회에 환원한다는 측면에서도 의미 있는 사업이었다. 하지만 해를 거듭할수록 한계가 드러났다. 뉴스타파 동하계 탐사보도 연수 과정을 거친 예비 언론인이 속속 기성언론사에 취업하는 성과가 났으나, 역설적으로 이 프로그램에 그럴듯한 언론사의 기자나 PD 등용문 역할 이상을 기대하기 힘들다는 것을 확인했기 때문이다. 탐사보도 연수 프로그램 출신 예비 언론인이 수 년간 수십 명이나 기성언론사에 들어갔지만 한국 언론판은 거의 변하지 않았다. 이런 사업을 애써 계속 진행해야 하는가 의문이 들었다. 패러다임의 변화가 필요했다.

뉴스타파 존재 가치에 대한 성찰도 새로운 방향을 모색하도록 이끌었다. 뉴스타파는 2012년 1월 27일 첫 보도를 한 이래 10년간 많은 사람의 회의적 시선에도 불구하고 '광고와 협찬 없는' 초유의 언론사 모델이 지속가능함을 입증했다. 그러나 그뿐이었다. 뉴스타파 하나로 정파성과 돈에 매몰된 전체 언론판이 바뀌긴 않았다. 뉴스타파 자체는 '먹고 살만' 했고, 때로 의미 있는 기사도 터뜨렸지만 그것만이 존재 이유가 될 수는 없었다. 우리만 잘 살면 무슨 의미가 있는가 라는 자각은 정파성과 상업성에 찌든 기성언론판에 대항해 비영리 비당파 독립언론 생태계를 만들어보자는 구체적 계획으로 이어졌다.

뉴스타파는 이런 고민 끝에 2021년 연말 회원의 밤 행사에서 독립언론 육성 프로젝트를 처음 꺼낸 데 이어 이듬해 1월 27일 대표 명의 서한을 통해 뉴스타파저널리즘스쿨, 약칭 뉴스쿨 사업 시작 소식을 회원들에게 알렸다.

전 세계에서 처음 시도하는 새로운 개념의 저널리즘스쿨도 3월에 시작하려고 합니다. 정식 명칭은 <뉴스타파저널리즘스쿨>, 약칭 뉴스쿨입니다. 오늘 티저 영상을 올렸습니다.*
진짜 저널리스트가 되고 싶은 분, 뉴스타파 같은 비영리 독립언론을 만들고 싶은 분들에게 널리 알려주시면 좋겠습니다. 자세한 사항은 조만간 다시 공유하도록 하겠습니다. (중략)
10년 전 이명박 정부의 언론 탄압과 제 역할을 못하는 기득권 매체에 맞서 한시적인 프로젝트팀으로 시작한 뉴스타파가 10년이 됐습니다. 10년을 버텨왔다는 사실에 가슴 벅찬 하루를 보내고 있지만 그 시간보다는 회원님과 함께 지금, 또 앞으로 어떤 모습을 보여줄 수 있는가가 훨씬 더 중요하겠죠.

준비는 착착 진행됐다. 2022년 3월 14일 뉴스타파저널리즘스쿨 첫 문을 열기로 했다. 그에 앞서 2월 7일부터 20일까지 2주간 1기 수강생 모집에 들어갔다.

세계 최초의 교육-실무-창업 3단계 통합 과정 프로그램인 '뉴스타파저널리즘스쿨'이 언론판을 함께 바꿔나갈 제1기 수강생을 찾습니다.
뉴스타파함께재단과 한국탐사저널리즘센터가 오는 3월 14일 문을 여는 '뉴스쿨'은 기존 한국의 저널리즘스쿨이나 언론학교와는 전혀 다른 커리큘럼과 교육과정으로 운영합니다. '뉴스쿨'은 3단계로 설계했습니다.

뉴스쿨 모집 공고문 중에서

---

* https://www.youtube.com/watch?v=unRYdyhaOEE

공고문에서 밝힌 것처럼 뉴스쿨은 세 단계로 구성했다. 첫 단계는 이론과 실무 교육이다. 언론사 입사용 강좌가 아니라 '탐사보도', '데이터저널리즘', '저널리즘+' 등 3개 영역 이론과 실기 강좌(총 36강)를 거쳐 '진짜 저널리스트' 육성을 목표로 했다. '저널리즘+' 강좌는 전국 대학교 커리큘럼에서 거의 자취를 감춰버린 '한국 언론사言論史' 등 필수 교양 인문과 AI 강의 등을 포함했다.

두 번째 단계는 뉴스타파 펠로우십 과정(6~12개월)이다. 1단계에서 배운 내용을 토대로 뉴스타파 뉴스룸에서 탐사보도 실무를 연마하는 과정이다. 실제로 뉴스타파 취재팀에 배속돼 기획 및 발제를 하고 현장 취재와 리포팅까지 전 과정을 진행한다. 하루 8시간 근무를 기본으로 하기 때문에 펠로우 기간 동안 생활이 가능하도록 뉴스타파 신입 저널리스트 급여 수준의 '장학금'을 지급한다.

마지막으로 세 번째 단계는 실제 독립언론을 창업하고 운영하는 과정이다. 함께재단은 뉴스쿨 1단계를 이수하고 펠로우 과정을 밟은 창업 희망자에게 비영리 독립언론 창업 인프라와 솔루션을 제공하고, 스타트업 창업 후 1년간 펠로우 때과 동일한 금액의 지원금에 더해 취재 실비까지 지원한다. 또 공유오피스도 직접 임차하는 것보다 훨씬 저렴하게 사용할 수 있도록 한다. 지원 대상자는 창업을 희망하는 펠로우 중에서 창업 계획서 심사와 인터뷰를 통해 선발한다. 독립언론사 창립 후 1년간의 지원이 끝나면 그 뒤에는 자립을 해야 한다. 물론 한국독립언론네트워크[KINN] 구성원으로 연대와 협업 활동은 계속하게 된다.

왜 뉴스쿨인가

이론과 실무 교육 - 펠로우 - 창업 - 자립까지 최장 2년 6개월의 독립언론 인큐베이팅 과정을 만든 이유는 크게 3가지다. 사실 한국 미디어 업계에는 수많은 스타트업이 생겼다가 얼마 안 가 사라졌다. 세 가지 문제가 있었기 때문이다. 먼저 시민이 효능감을 느낄 만한 콘텐츠 생산 능력이다. 콘텐츠가 경쟁력이 있고 매력이 있어야 구독료 방식이든 광고든 후원이든 가능해진다. 보는 사람이 지갑을 열도록 어필하는 요소가 있어야 한다. 그래야 지속가능한 재원을 확보할 수 있다. 하지만 상당수가 어떤 트렌드에 편승해 막연한 기대로 시작했다가 경쟁력 있는 콘텐츠를 지속적으로 생산하지 못하고 문을 닫는 경우가 많았다.

두 번째 문제는 좋은 콘텐츠를 만들어도 이를 확산할 플랫폼이 없기 때문에 수용자와 만날 기회를 잡지 못하고 사장되는 경우다. 창업 초기에 자체 홈페이지로 유입을 늘리는 건 한계가 있고, 포털 입점도 불가능하고, 유튜브 채널을 열어도 두세 자리 구독자 수로는 좋은 기사나 영상을 널리 알리기 힘들다. 이는 앞서 말한 콘텐츠 문제를 극복하고 효능감 있는 기사나 프로그램을 생산하더라도 구독료나 기부금 등의 재원으로 연결하지 못하는 원인이다.

마지막으로 세 번째 문제는 누구나 짐작할 수 있듯, 역시 돈이다. 뭔가를 시작하려면 '시드머니'가 필요하다. 1인 미디어든 2인 미디어든 초소형 언론사라고 하더라도 창업 초기 자본 투입은 필수불가결하다. 특정 분야에 전문성을 가지고 독보적 콘텐츠를 생산할 능력이 있는데도 돈이 없어서 선뜻 창업에 나서지 못하는 경우도 있다. 그래서 돈은 어떻게 보면 가장 본질적 문제다.

뉴스쿨은 이런 3가지 문제 해결에 주안점을 두고 각 문제에 조응하는 3단계 과정을 설계했다. 즉 경쟁력 있는 탐사보도를 할 수 있는 역량을 약 1년 6개월의 이론과 실기, 실무 연수, 실제 취재 활동을 통해 연마하도록 하는 게 첫 번째다. 두 번째는 펠로우 활동 때뿐만 아니라 독립언론 창업 이후에도 한국독립언론네트워크 회원사 자격으로 뉴스타파 유튜브 채널(2025년 12월 현재 180만 구독자)과 네이버 및 다음 채널을 통해 콘텐츠 확산이 가능하도록 했다. 세 번째, 재정적으로 자립할 때까지 최소 2년 6개월가량은 돈 걱정 없이 일할 수 있게 했다. 여기에 홈페이지, CMS, 비영리단체 등록, 사업자등록, 인터넷 언론사 등록 등 각종 인프라 구축과 데이터저널리즘 지원도 가능한 시스템을 마련했다.

뉴스쿨은 2022년 봄 첫 참여자를 모집하면서 '독립언론 100개 만들기'라는 캐치프레이즈를 내걸었다. 처음에는 황당하다는 반응도 있었다. 하지만 2025년 말 뉴스쿨을 통해 탄생한 독립언론이 이미 6개다. 독립언론 100개 만들기는 더 이상 꿈 같은 얘기가 아니다.

2022년 뉴스쿨을 시작하면서 내세운 설립 취지문은 많은 공감을 받았다. 이를 토대로 리플릿을 제작해 잠재 후원자에게 배포했다. 뉴스쿨 예산은 상당 부분을 크라우드펀딩으로 조달했다.

뉴스쿨 파트너가 돼 주세요

'독립언론 100개 만들기' 프로젝트에 함께해 주세요

뉴스타파는 첫 보도 10주년을 맞은 2022년 '독립언론 100개 만들기' 프로젝트를 시작했습니다. 언론판을 바꾸기 위한 사상 초유의 도전입니다. 뉴스타파저널리즘스쿨, 뉴스쿨은 비영리 독립매체가 홀로 설 수 있도록 진짜 기자 양성과 미디어 스타트업 인큐베이팅까지 함께합니다. 진짜 목소리, 진실 찾기에 나선 발걸음에 힘을 보태주세요. 후원해주신 분들에게는 감사의 마음을 담아 리워드를 전합니다.

후원 방법

신한은행 계좌이체 140-013-664233 (예금주 뉴스타파함께센터)
Tel. 02 6956 3665
Mail. withnewstapa@newstapa.org

다음은 설립 취지문 중 일부다.

뉴스타파저널리즘스쿨, '뉴스쿨'이 언론판을 바꿉니다.

1. 왜 '뉴스쿨'인가요?
볼 만한 언론이 있나요? 믿을 만한 언론이 있나요?
일할 만한 언론사는 있나요? 안타깝게도 거의 없죠.

화려하고 거대한 사옥에 수천 억 매출을 올리는 언론사는 많은데,
백 년 넘는 역사를 자랑하는 신문도 있는데,
언론 신뢰도는 지하를 파고 들어갑니다.
세월호 참사 때 처음부터 끝까지 오보 퍼레이드를 벌인 한국 언론사들,
기레기라는 비판이 쏟아지자 엄청 반성했죠.
그런데 지금 얼마나 바뀌었나요? 별로 안 변했죠.

그러면 어떻게 해야 하죠? 가만히 있어야 하나요?
닥치고 언론고시인가요? 그건 아닙니다.
볼 만한, 믿을 만한, 일할 만한 언론사를 직접 만드는 건 어떨까요.

너무 막막하다고요? 걱정하지 마세요. 대한민국 유일의 비영리 독립
탐사보도매체인 한국탐사저널리즘센터-뉴스타파가 함께합니다.
2022년 출범 10년을 맞은 뉴스타파가 지난 10년 노하우를 모두 담아
교육-실무-창업까지 3단계 원스톱 저널리즘스쿨을 엽니다.

2. 어떤 스쿨인가요?
뉴스타파저널리즘스쿨, '뉴스쿨'은 언론사 입사 목적의 기존 저널리즘스

쿨과는 완전히 다릅니다. 저널리즘 실무교육, 인턴/펠로우십, 독립언론 창업 등 3단계를 통합한 신개념 언론학교죠. (중략)
이렇게 3단계를 거쳐 창업한 비영리 독립언론 스타트업은 독립언론 뉴스타파 네트워크 일원으로서 '함께' 저널리즘 활동을 수행하게 됩니다.

'뉴스쿨'은 그저 그런 회사원으로 길들여지는 언론인이 아닌 진짜 저널리스트가 되려고 하는 언론인 지망생을 기다립니다. 또 이미 현직 언론인으로 일하지만 소속 조직의 논리, 자본과 진영의 굴레에서 벗어나 자신의 역량을 보다 나은 사회를 만드는 데 쏟고 싶은 분들을 환영합니다.

'뉴스쿨'은 뉴스타파 거버넌스와 연대 협업 교육 사업 등을 위해 설립한 재단법인 뉴스타파함께센터가 주관합니다.
한국탐사저널리즘센터-뉴스타파, 퍼블리시(주), 해외 탐사보도 네트워크 기관 등이 강의, 펠로우, 창업 컨설팅 과정에서 함께합니다.
또 많은 시민과 단체가 스쿨 운영 재원 마련에 도움을 줍니다.

3. 언론판 이제 바꿔야죠

"바보야, 문제는 경제야!" 예전에 빌 클린턴이 이런 말을 했죠. 이 말을 지금 한국 상황에 맞게 바꿔 볼까요. "바보야, 문제는 언론이야"
어쩌면 이 말이 더 가슴에 와닿습니다.

일제강점기에 일장기를 제호 위에 걸고, 일왕을 찬양하고, 조선 청년을 일제의 총알받이로 내몬 신문과 그 아류들이 지금도 한국 언론계를 장악하고 있습니다. 가짜뉴스, 왜곡, 편파, 조작 보도를 일삼는 매체들이 아직 한국 언론판을 좌지우지하고 있습니다.
불량 기사, 독극물 같은 보도를 하면서 국민을 기만하는 기사형 광고와

변칙 협찬 등 온갖 변종 돈벌이로 시장을 왜곡하는 언론기업이
언론 생태계를 흑화시키고 있습니다.

이대로 계속 둘 수는 없겠죠. 이런 언론 구조로는 우리 사회가 한 발짝도 앞으로 나가기 힘듭니다. 늦었지만 이제라도 바꿔야 할 때입니다. 뉴스타파저널리즘스쿨, '뉴스쿨'이 독성 녹조 가득한 언론 생태계에 조약돌을 던지고, 그 조약돌이 작은 파문을 일으키고, 그 파문이 거대한 물결이 된다면 한국 언론 지형도 근본적으로 변할 수밖에 없을 겁니다.

4. 시민의 힘으로 '함께'

한국탐사저널리즘센터-뉴스타파는 광고와 협찬을 일절 받지 않는 비영리 독립언론입니다. 그래서 자본과 정치 권력에서 자유롭습니다.
우리 대한민국에 뉴스타파와 같은 비영리 독립언론이
한 개, 두 개, 10개, 100개가 탄생한다면
언론 생태계를 근본적으로 바꾸는 그 담대한 꿈은 현실이 됩니다.
보다 나은 세상, 우리 아이들의 미래를 생각하는 언론을 위해 시민 한분 한분이 비영리 독립언론의 주인이 돼주시기 바랍니다. 후원 시민과 단체 이름은 명판에 새겨 '뉴스쿨' 앞에 길이 남기도록 하겠습니다.
시민들의 손으로 언론을 바꾸는 길, 아름다운 동행을 기다립니다.

'독립언론 키우자' 후원 물결

뉴스쿨 프로그램에 따라 구성원이 2명인 비영리 독립언론사를 하나 만들어 자립시키기 위해서는 2년 6개월 동안 최소 약 1억 5천만

원의 예산이 든다. 적은 돈이 아니다. 주관 기관인 함께재단은 영화 제작, 도서 출판, 굿즈 판매 등으로 재원을 조달하지만 그것만으로는 턱없이 부족하다.

시민의 풀뿌리 후원이 큰 몫을 차지한다. 함께재단은 뉴스쿨 사업비를 조성하기 위해 온라인 캠페인을 집중적으로 펼치고, 위에 소개한 리플릿 제작 배포 등으로 오프라인 모금에도 노력을 기울였다. 뉴스타파도 후원회원에게 보내는 대표 서한 등을 통해 뉴스쿨 펀딩 참여를 요청했다. 아래는 1기 뉴스쿨이 한창 진행중이던 2022년 4월 대표 서한 일부다.

지난 편지에서 말씀드렸듯이 뉴스타파는 지난 3월 뉴스타파함께재단과 함께 뉴스타파저널리즘스쿨을 시작했습니다. 줄여서 '뉴스쿨'이라고 합니다. 별칭으로 '독립언론 100개 만들기 프로젝트'라고도 하죠.
뉴스타파와 함께 한국 언론판을 바꿀 비영리 독립언론을 만들고 네트워크를 구축하는 '전대미문'의 사업입니다.
다양한 배경을 가진 19명의 뉴스쿨 참가자와 함께 이제 1단계 교육 과정을 절반쯤 지나왔습니다. 고사성어 '양묘회신'이라는 말이 떠오릅니다. "좋은 싹이 새 기운을 머금는다"라는 뜻이라고 하죠.
저와 뉴스타파 기자들이 이들을 가르치지만 저희도 수강생에게 많은 것을 배우고 느낍니다. 특히 이런 친구들과 함께하면서 "한국 언론에 아직 희망은 있구나"라는 생각을 더 자주 하게 됩니다. 그리고 담대한 전망을 세웁니다.

얼마 전 월세 4천만 원, 전세 75억 원짜리 아파트가 거래됐다는 기사를 봤습니다. 어떤 아파트는 80억 원에 매매됐다고 하죠. 차기 정부 장관 후보자 평균 재산은 42억 정도라고 합니다. 공시가 기준이니 실제는 이것보다 훨씬 많겠죠. 뭔가 답답해집니다.

그렇지만 여기서 전혀 다른 상상을 해봅니다. 어떤 이에게는 아파트 월세에 불과하겠지만, 월 4천만 원이면 저널리스트 2~3명 규모의 작지만 강한 독립언론 4개를 운영할 수 있습니다. 80억 원이면 자본과 권력 눈치를 보지 않는 비영리 독립언론 80곳이 1년간 활동할 수 있습니다.

현실에 절망하지 말고, 아파트 한 채 값 정도면 썩어빠진 한국 언론 생태계를 바꿀 수 있다는 담대한 구상을 해보면 좋겠습니다. 좋은 기사로 좋은 세상을 만드는 전망을 세우는 것입니다.

몇 해 전 '진실의 수호자' 뉴스타파 회원님들이 모아주신 기금으로 독립언론 연대 협업 공간인 뉴스타파함께센터를 만들었습니다. 이제 그 공간에서 한국 언론 지형을 바꿀 새 희망이 자라고 있습니다.

뉴스타파가 '독립언론 100개 만들기 프로젝트'로 썩어빠진 기득권 언론 카르텔에 맞서겠습니다.

회원님 한분 한분이 '뉴스쿨' 설립자가 되셔서 새 희망을 키워주시면 좋겠습니다.

이와 같은 다양한 뉴스쿨 재원 마련 캠페인에 힘입어 뉴스쿨 1기를 진행한 2022년에는 수천 명의 시민이 크라우드펀딩에 참여해 모두 142,530,248원을 독립언론 만들기에 기부했다. 2023년 2기 때는 모두 58,940,352원의 성원이 모였다. 2023년은 정치검찰이 뉴스타파 뉴스룸과 기자들을 잇달아 압수수색 하는 등 윤석열 정권의 뉴스타파 탄압이 극에 달한 해였다. 이 때문에 뉴스쿨 재원 마련에 집중하기 힘들었지만 많은 시민이 자발적으로 펀딩에 참가해 예상보다 많은 기금을 모아줬다. 2024년에는 111,611,322원으로 다시 1억 원을 넘어섰다. 함께재단은 뉴스쿨 운영 기금 마련에 참여한 시민 이름을 뉴스타파함께센터 1층 벽면에 새겨 감사의 뜻을 표하고 있다.

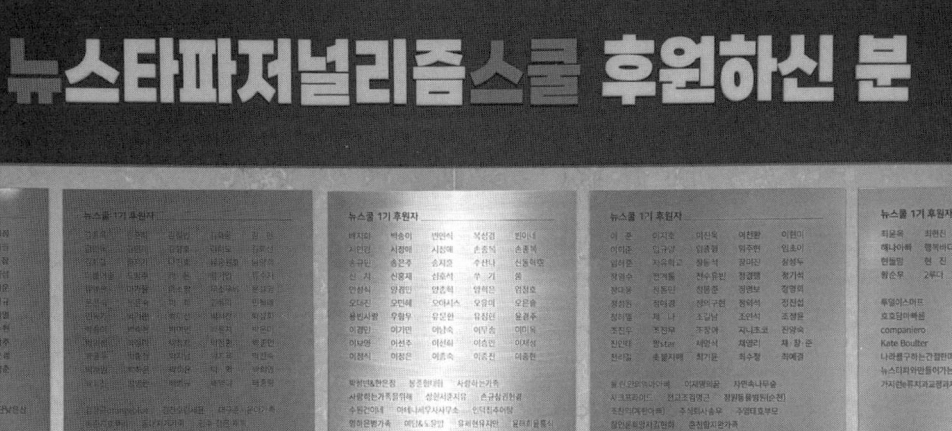

창업이라는 출구

뉴스쿨 사업을 시작하면서 제일 가늠하기 힘들고 걱정도 컸던 건 과연 그 누구도 가보지 않은 이 길에 얼마나 지원자가 있을까였다. 하지만 그건 괜한 걱정이었다. 2022년 2월 1기 지원자 모집 결과 20명 정원에 모두 118명이 지원했다. 6대 1가량의 경쟁률이다. 이후 뉴스쿨 경쟁률은 평균 4~5대 1 정도다.

한국에는 현재 '저널리즘스쿨'을 표방하는 교육기관으로 방송문화진흥회가 운영하는 MBC 저널리즘스쿨, SBS와 이화여대가 운영하는 윤세영 저널리즘스쿨이 있다. 둘 다 언론사 입사를 목표로 한다. 충북 제천 세명대학교 저널리즘스쿨은 한국에서 유일한 석사 과정의 정식 학제 대학원이다. 하지만 이곳도 언론사 입사가 지상 목표다.

뉴스타파저널리즘스쿨은 출구를 기성언론사 입사가 아니라 창업으로 설정했다는 점에서 이들과 근본적으로 다르다. 또 커리큘럼이 탐사저널리즘과 데이터저널리즘에 특화됐다는 점도 다른 스쿨과 구분된다. 3~4개월의 1단계 교육을 거친 뒤 뉴스룸에서 1년간 현직 언론인과 실전을 익히는 펠로우 과정은 국내는 물론 해외에서도 비슷한 사례를 찾기 힘들다. 영국 가디언 재단에서 비슷한 사업을 하는데 뉴스룸 실무를 경험하는 기간은 뉴스쿨보다 훨씬 짧다.

2022년 시작한 뉴스쿨은 2025년까지 모두 4기에 67명의 수료생을 배출했다. 이 가운데 1기에서 매체 비평 전문 독립언론 <뉴스어디>, 재판 취재 전문 매체 <코트워치>가 나왔다. 2기에서는 인천과 경기 지역 매체 <뉴스하다>, 3기에서는 청주 지역 매체 <미디어날>과 기후 환경 생태 전문 매체 <살아지구>가 탄생했다. 그리고 2025년 4기에서는 동남아시아 전문 취재 독립언론 <두니아>가 출범했다.

뉴스쿨 1기 수강생. 서울 충무로 뉴스타파함께센터 리영희홀, 2022. 4.

한국독립언론네트워크 KINN

함께재단 김중배 명예 이사장은 2020년 재단 설립부터 2024년까지 4년간 초대 이사장을 지냈다. 그는 평소에 "독립이라는 말은 홀로 서는 것을 뜻하지만 '함께'할 때 비로소 홀로 설 수 있다"고 역설했다. 뉴스타파함께재단이라는 이름에도, 뉴스타파함께센터라는 명칭에도 김중배 명예 이사장의 뜻이 담겨있다. 함께재단 뉴스쿨 사업을 통해 뉴스타파함께센터라는 공간에서 태어난 독립언론은, 그래서 '함께'라는 말과는 떼려야 뗄 수가 없다.

뉴스쿨에서 나온 매체는 2025년 12월 현재 모두 6곳이다. 대부분 구성원 2명가량의 '미니' 언론사다. 인큐베이팅 과정을 거쳐 '독립언론'이라는 이름으로 광야에 나섰지만 홀로서기는 불가능하다. 정확하게 말하자면 홀로서기를 거부한다. 함께 서서 힘을 합치면 더 강해진다는 것을 알기 때문이다. 단독과 경쟁보다 연대와 협업이 저널리즘의 미래이기 때문이다.

함께재단은 2023년 이들 독립언론이 연대하고 협업할 수평적 유기체를 만들었다. 바로 한국독립언론네트워크^{KINN, Korea Independent Newsroom Network}다.

KINN 소속 회원사는 정회원과 제휴회원으로 나뉜다. 뉴스쿨을 수료하고 함께재단의 심사를 거쳐 창업한 독립언론사는 정회원으로 활동한다. 뉴스쿨 출신은 아니지만 비영리 등 요건을 갖춘 기존 독립언론사 중에 KINN 가입을 신청한 매체는 심사를 거쳐 제휴회원으로 활동한다. 한국독립언론네트워크는 아래와 같이 6개 항의 지침을 공유한다.

사회개혁을 위한 저널리즘

한국독립언론네트워크는 저널리즘으로 더 나은 사회를 만들기 위해 존재한다. 우리는 망가진 언론 생태계를 바로 세우고, 사익 추구가 아니라 오로지 공공의 이익을 위해 저널리즘을 수행한다. 사회개혁은 조직의 이익보다 우선한다.

연대와 협업

우리는 경쟁과 자사 이기주의를 배격하고 '함께' 정신을 지킨다. 개별 조직의 울타리를 넘어 협력 저널리즘을 수행한다. 회원사 간 협업, 취재 결과 공유를 넘어 취재 기법과 데이터, 조직 운영 노하우, 공동 기금 마련 등 언론 생태계 발전을 모색한다.

보도 탁월성

우리는 보도자료나 대변인 발표, 권력자의 입에 의존하지 않고 독자적인 조사를 해, 시민이 주권을 행사하는 데 반드시 필요한 독보적인 콘텐츠 생산을 지향한다. 의견이나 주장, 타 매체의 뉴스 큐레이션 등은 배제하고 공동체를 위해 사실과 진실에 기반한 독보적 뉴스 및 프로그램을 만든다.

독립성

우리는 비당파 비영리 독립언론으로서 자본권력과 정치권력의 영향을 일체 배격한다. 상업 광고와 협찬을 받지 않고 후원회비 또는 구독료, 크라우드펀딩, 공동 기금 조성, 그리고 콘텐츠 2차 가공 등 수익사업을 토대로 독자적이고 독립적인 재원 모델을 갖춰 재정 독립성을 기한다. 뉴스 및 프로그램에 후원회원 또는 기부자의 영향을 일체 받지 않는다. 특정 이념이나 정파, 진영의 이해관계에서 자유로운 저널리즘에 헌신한다.

투명성

우리는 재무 관련 정보를 투명하게 공개한다. 수용자가 우리 매체 구성원을 파악할 수 있도록 임직원 관련 정보도 공유한다. 뉴스 및 프로그램 제작 시 매우 예외적인 경우가 아니면 취재원과 자료 소스도 투명하게 공개해 수용자가 해당 콘텐츠를 검증 가능하게 한다.

품위 유지

우리는 시민 후원으로 설립, 운영하는 독립언론네트워크 구성원으로서 품위를 지킨다. 사회통념 및 상식에 벗어나거나, KINN 설립 취지에 반하는 행위를 하지 않는다.

2025년 12월 현재 KINN에는 정회원으로 뉴스어디, 두니아, 살아지구, 코트워치 등 4개사, 제휴회원으로는 뉴스민, 뉴스앤조이, 뉴스하다, 미디어날, 새알미디어, 생활뉴스커먼스(일본), 탄사(일본) 7개사 등 모두 11개 회원사가 참여하고 있다. 함께재단이 KINN 사무국 역할을 한다. KINN은 회원사 연대와 협업을 유기적으로 조직해 고립 분산을 극복하고 시너지 효과를 낸다.

구체적 사업으로는 회원사 간 취재 경험과 노하우를 공유하고, 일반 조직 운영과 관련한 상호 조언을 나누는 연례 KINN 콘퍼런스가 있다. 2024년 첫 번째, 2025년 두 번째 콘퍼런스를 열었다. 탐사보도

제2회 한국독립언론네트워크 콘퍼런스. 서울 충무로 뉴스타파함께센터 리영희홀, 2025. 10. 25.

기획안 공모전도 주요 사업 중 하나다. 회원사를 대상으로 우수 탐사보도 기획안을 공모해, 선정된 아이템에 최대 1000만 원까지 취재비를 지원한다. 데이터 분석과 시각화 등 데이터저널리즘 지원도 한다.

유튜브용 콘텐츠 제작 등 영상 촬영과 편집 지원 시스템도 구축할 계획이다. 또 매칭 펀드 형태의 재정 지원 사업도 기획 중이다. 함께재단의 KINN 사업은 미국 비영리뉴스 네트워크인 INN 모델을 벤치마킹했다.

INN과 포칸티코 선언

2009년 초여름, 미국의 27개 비영리매체 소속 언론인이 탐사저널리즘의 미래를 논의하기 위해 뉴욕에 있는 포칸티고 센터 Pocantico Center에 모였다. 이 전례 없는 회합의 결과물은 '포칸티코 선언'이라는 형태로 나왔다.

> 우리 비영리언론 기관 대표들은 제대로 기능하는 민주주의에 필수불가결한 탐사보도가 위협받는 시기에 모였다. 공공에 더 나은 서비스를 제공하기 위해 새롭게 부상하는 탐사저널리즘 생태계를 육성하고 유지해야 할 절박한 필요가 있다.

16년 전 이 27개 매체 대표 모임과 포칸티고 선언은 2025년 현재 미국 전역에서 500곳이 넘는 비영리 독립언론사가 참여하는 '비영리 뉴스 연구소INN, The Institute for Nonprofit News'* 창립으로 이어졌다.

포칸티코 회합에 참가한 언론사 대표들은 상호 협력과 연대를 3가지 차원에서 구상했다. 편집Editorial, 행정Administrative, 재정Financial 분야다. 먼저 편집 분야 협력은 공통 관심 사안을 함께 취재하고 보도하는 시스템 구축이다. 프로젝트에 참여하는 파트너 언론사들이 효율적으로 취재를 분담하고 정보를 공유하고, 동시에 보도하는 방식이다.

행정 분야 협력은 언론사 인허가, 조직 운영, 회계, 명예훼손 등 법률 검토, 마케팅, 직원 복리후생, 지역사회 공헌, 회원 및 독자 관리 등의 백오피스Back office 기능 지원과 소규모 조직의 효율성을 높이기 위해 이런 기능 중 일부를 중앙집중화하는 시스템 마련이다.

재정 분야 협력은 재원 개발 관련 정보를 교환하고 공동으로 기금

---

* INN의 초기 명칭은 '탐사 뉴스 네트워크(Investigative News Network)'였다.

을 모금하며, 더 나아가 회원사가 공유하는 콘텐츠를 수익화해서 지속가능한 저널리즘을 달성하기 위한 새로운 경제 모델을 개척하는 방안이다.

극심한 취재 경쟁과 배타적 분위기가 지배적인 언론 시장에서 연대와 협업을 통해 공공 봉사 저널리즘의 돌파구를 열겠다는 구상은 그 자체로 세계 언론 역사에 획을 긋는 인식 전환이었다. 비영리 독립언론 연대체를 통해 새로운 언론 생태계를 구축하겠다는 획기적이고 야심찬 계획과 전망은 현재 INN이 공유하는 가치와 미션 등에 그대로 녹아있다.

INN은 홈페이지에 자신의 활동을 이렇게 소개한다.

> INN은 새롭게 떠오르는 비영리뉴스 분야를 육성하고 촉진한다. INN은 비영리, 비당파, 공익 헌신이라는 새로운 형태의 뉴스 네트워크를 통해 500여 곳의 독립언론 기관을 지원해 더 건실하게 만든다. 지역 뉴스부터 글로벌 이슈 심층 보도에 이르기까지, INN 네트워크 회원사는 자칫 묻힐 수 있는 이야기를 전하며 커뮤니티를 연결하고, 권력자를 감시하며, 민주주의를 강화한다.
> INN 프로그램은 회원사가 강력한 보도를 수행할 수 있도록 수익 및 비즈니스 모델을 개발하고, 편집 및 비즈니스 혁신에 협력하며, 서비스를 공유하고, 뉴스의 새로운 미래를 만들어갈 다양한 리더가 성장하도록 돕는다.

INN은 또 자신의 미션을 "공동체의 모든 사람이 신뢰할 수 있는 뉴스에 접근하도록 보장하는 비영리뉴스 네트워크를 구축하는 것"이며 "이 목표를 달성하기 위해, 비영리언론사에게 교육 및 비즈니스 지원 서비스를 제공하고 공익 탐사저널리즘의 가치와 혜택을 널리 알리는 사명을 수행"하는 것이라고 설명한다.

INN이 네트워크 소속 매체를 분석한 데이터에 미국에서 독립언론 설립 붐이 일고 있다는 사실을 잘 보여주는 내용이 있다. 아래 표를 보면 INN 소속 독립언론사 500여 곳 가운데 설립 연한이 4년~9년 구간에 있는 언론사가 39%로 가장 많았다. 이어 15년 이상이 28%, 10년에서 15년 사이가 18%, 설립 3년 미만의 스타트업이 15%나 됐다. 다시 말해 설립 15년 이하의 비교적 신생 매체가 INN에 가입한 500여 개 독립언론 가운데 무려 72%를 차지한다는 것이다. 지난 15년간 미국에서 무려 400개 가까운 비영리 비당파 매체가 출범했다는 의미다.

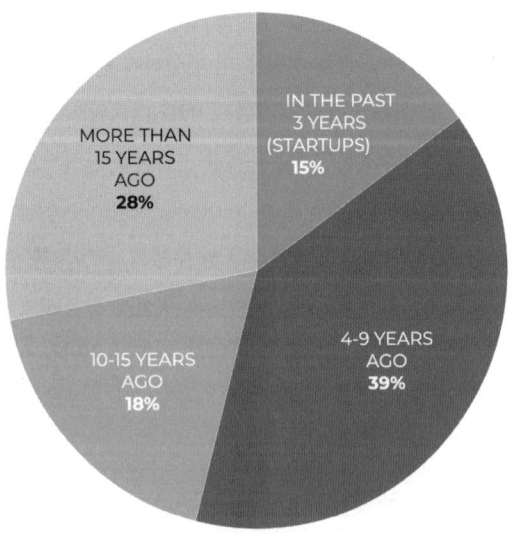

미국 INN 소속 독립언론 설립 연한 그래프 (출처: INN)

그리고 미국에서는 비영리매체가 기성 거대 주류매체 못지 않는 영향력을 발휘하면서 기득권의 아성에 도전하고 있다. 대표 주자가 바로 프로퍼블리카다.

독립언론의 상징, 프로퍼블리카

세계에서 가장 저명한 언론상인 퓰리처상은 보통 뉴욕타임스, 워싱턴포스트, 월스트리트저널 등 역사와 권위를 자랑하는 주류 신문매체의 잔치였다. 퓰리처상 위원회가 매년 5월쯤 수상작을 발표할 즈음이면 올해는 이들 리그 안에서 어떤 매체가 몇 개 부문에서 상을 가져가느냐가 관심사였다. 하지만 10년쯤 전부터 판이 조금씩 바뀌기 시작했다.

2025년 5월 5일 발표한 퓰리처상 수상작 라인업은 이런 변화를 좀 더 극적으로 보여준다. 퓰리처상은 언론 문학 예술 등 총 24개 부문에서 수상작을 뽑는다. 언론 분야에서는 공공봉사, 탐사보도, 해설보도 등 모두 15개 부문에서 한 해 동안 가장 뛰어난 기사를 선정해 시상한다. 이 15개 부문 중에서도 가장 탁월한 저널리즘 작품에 수여하는 상이 바로 공공봉사 Public service 부문 퓰리처상이다.

2025년 퓰리처상 대상 격인 공공봉사 부문은 뉴욕타임스나 워싱턴포스트 기사가 아니라 프로퍼블리카 ProPublica 의 탐사보도 시리즈 기사 '산모의 생명 Life of the Mother' 프로젝트가 차지했다. 프로퍼블리카의 2년 연속이자 총 8번째 퓰리처상이다.

프로퍼블리카는 2008년 출범한 인터넷 매체다. 2025년을 기준으로 역사가 17년밖에 안 된다. 이런 비영리 독립 탐사보도 언론사가 벌써 8번째 퓰리처상을 받았다는 건 경이로운 일이다. 본상과 다름없는 최종 후보에도 12번이나 올랐다.*

프로퍼블리카의 공공봉사 부문 퓰리처상 수상이 2024년에 이어 2년 연속이라는 사실이 더욱 놀랍다. 2024년에는 한국 언론사도 많이 인용 보도했던 미국 대법관 클레런스 토머스와 부동산 재벌의 유착 스캔들을 폭로해 퓰리처 공공봉사 부문 수상작으로 선정된 바 있다. 200년 가까운 역사의 뉴욕타임스나 워싱턴포스트도 퓰리처상 공공봉사 부문을 2년 연속 받은 적은 없다. LA타임스가 전성기 시절인 1960년대 초반에 이 상을 2년 연속 수상한 이래 60여 년 만에 처음 있는 일이다.

이게 왜 특별한 일인가? 바로 미국 언론 지형이 바뀌고 있다는 걸 상징적으로 보여주기 때문이다.

프로퍼블리카 웹사이트에 접속하면 아래에 팝업창이 뜬다. 거기엔 이렇게 자사의 정체성을 표현하는, 짧지만 매우 직관적인 문구가 나온다.**

Who owns ProPublica? No one

프로퍼블리카는 누가 소유하는가? 누구의 것도 아니다.

그리고 이어지는 문구는 다음과 같다.

---

* https://www.propublica.org/article/propublica-wins-pulitzer-prize-public-service-2025
** https://www.propublica.org/

우리 기사는 누구에게나 무료입니다. 다른 많은 언론사와 달리 프로퍼블리카에는 우리를 조종하는 소유주도, 광고주도, 주주도 없습니다. 프로퍼블리카는 독립적인 비영리뉴스룸입니다. 이것은 바로 우리의 유일한 책무는 진실에 있다는 뜻입니다.
프로퍼블리카의 저널리즘은 권력을 감시하고, 불의를 들춰내며, 현실 세계의 변화를 이끌어내기 위해 존재합니다. 여러 해에 걸쳐 우리 보도는 새로운 법 제정을 이끌었고, 취약한 공동체에 보호를 확대했으며, 권력자 사임을 이끌어내기도 했습니다.
이 모델은 오직 독자 여러분이 자발적으로 후원해주실 때에만 유지할 수 있습니다. 이미 8만 명이 넘는 회원이 "뉴스는 대기업이나 정치세력의 것이 아니라, 국민 모두의 것이어야 한다"는 믿음으로 우리와 함께하고 있습니다.

프로퍼블리카는 이처럼 광고도, 협찬도, 지저분한 돈도 받지 않는다. 요즘 대다수 주류신문사가 채택하는 온라인 기사 유료 시스템, 즉 페이월도 없다. 콘텐츠는 모든 이에게 무료로 열려있다. 미국 대다수 언론사와는 달리 대주주도, 모기업도, 배후의 거대 자본도 없다. "뉴스는 자본이나 정치 권력의 편이 아니라 국민의 것"이라는 선언은 비영리 독립언론을 표방한 프로퍼블리카의 정체성을 명확하게 규정한다.

한국의 프로퍼블리카로 비견되는 뉴스타파는 2013년 설립 첫해에 세계 각국의 독립 탐사매체를 소개하는 미니 다큐 시리즈를 기획해 프로퍼블리카 설립자이자 당시 대표 폴 스타이거를 인터뷰한 적이 있다. 그는 당시 인터뷰에서 뉴스타파의 풀뿌리 후원회원 모델을 듣고

몹시 부러워했다. 프로퍼블리카는 당초 미국 캘리포니아의 샌들러 재단이 후원한 3천만 달러로 설립했고, 이후에도 유명 재단 등 큰손에 재정의 대부분을 의존했기 때문이다.

프로퍼블리카 사무실을 방문해 폴 스타이거와 대화를 나누는 김용진 당시 뉴스타파 대표, 2013년.

폴 스타이거는 당시 인터뷰를 하러 간 취재진과의 대화 과정에서 뉴스타파 재정 모델을 흥미 있게 듣고 프로퍼블리카도 풀뿌리 후원 방식을 적극 도입해보겠다고 했다. 하지만 언론사에 일반 시민이 후원금을 내는 방식이 미국에서 잘 통할지는 모르겠다며 성공 여부에는 유보적 입장을 보였다. 불특정 다수 시민이 십시일반 후원하는 재정 모델은 미국에서도 낯선 방식이었기 때문이다. 그러나 프로퍼블리카는 이후 시민 후원회원 참여 캠페인을 그들의 탁월한 보도와 연계해 적극적으로 진행했고, 현재(2025년 11월) 미국 시민 8만여 명이 정기 후원회원에 참여하는 비약적 성과를 낳았다.

폴 스타이거는 인터뷰에서 권력 오남용을 추적 폭로하고, 공공의 이익을 수호하는 것이 프로퍼블리카의 사명이며, 그것이 바로 성공 비결이라고 밝혔다. 또 자신들은 좋은 기사를 쓰는 데서 한발 더 나아가 사회를 긍정적으로 변화시킬 수 있는 기사를 쓰는 데 집중한다고 말했다.*

2025년 현재 프로퍼블리카의 기자와 에디터 등 구성원은 150명이 넘는다. 연간 재정 수입은 2024년 기준으로 6800만 달러, 한화 950억 원에 이른다. 주 수입원은 개인 후원과 재단 기부금이다. 자산 운용 등 투자 수익과 콘텐츠 판매 수입도 있으나 비중이 크지 않다. 가장 많은 비중은 개인 후원금으로 3천1백만 달러 규모다. 여러 재단의 기부금인 2천9백만 달러보다 더 많다.**

광고와 협찬을 받지 않는 비영리 독립매체이자 전적으로 온라인에 기반하는 언론사 재정 규모가 연 1000억 원대에 육박한다는 건 놀라운 일이다. 프로퍼블리카는 이처럼 탄탄한 재정 구조를 바탕으로 뛰어난 취재, 데이터, 개발 인력을 계속 영입하고 이를 독보적 콘텐츠 생산으로 이어나간다. 탁월한 기사는 또다시 새로운 후원을 이끌어낸다. 시민 지원에 기반하는 비영리 독립언론의 모범적 선순환 구조다.

---

* "저널리즘 지형이 바뀌고 있다", 뉴스타파, 2013.10.11.
** https://assets-c3.propublica.org/pdf/reports/Pro-Publica-2024-Financial-Statements.pdf

프로퍼블리카는 미국 뉴욕에 본사가 있다. 하지만 해당 지역에서만 활동하지는 않는다. 또 자사 규모 확대와 자체 역량 강화에만 만족하지도 않는다. 즉 자사만 잘 먹고 잘 살고 영향력을 키우는 데 머물지 않는다. 미국 전역에 있는 지역매체, 독립매체 등과 연대 협업하는 프로젝트를 추진한다.

창립 10년째인 2017년 '프로퍼블리카 로컬 이니셔티브ProPublica's Local Initiatives'라고 이름붙인 지역언론 연대 협력 사업을 시작했다. 프로퍼블리카는 이 사업을 시작한 배경을 이렇게 말한다.

> 프로퍼블리카는 위축된 언론 산업 속에서 심층 탐사보도가 점차 사라지는 문제에 대응하기 위해 2008년에 설립했다. 언론의 위기는 오늘날에도 계속되고 있으며, 특히 지난 몇 년간 지역의 책임 있는 저널리즘은 큰 타격을 받았다.
> 프로퍼블리카는 창립 이래 전국 지역언론사와 협력해 해당 지역 공직자, 민간 기업 및 기타 기관을 대상으로 필수불가결한 감시 역할을 수행했다. 2017년부터는 지역 책임 저널리즘을 지원하기 위한 다양한 사업에 추가 자원 투자를 시작했다.

이에 따라 프로퍼블리카는 2018년 1월 '지역 보도 네트워크Local Reporting Network' 프로젝트를 시작했다. 이 프로그램은 지역 기자들이 그들의 지역에 매우 중요한 공적 이슈를 1년간 대규모로 탐사 취재할 기회를 제공한다. 프로젝트에 선발된 기자는 소속 언론사에서 근무하고 보고를 하면서 프로퍼블리카의 예산 지원과 취재 지도를 받는다. 참여 언론사 기자는 프로퍼블리카 선임 에디터와 협업하며 데이터, 리서치, 디자인, 독자 참여 및 소통과 관련한 프로퍼블리카의 전문 지식을 보도에 활용할 수 있다.

2021년 프로퍼블리카는 '지역 보도 네트워크' 확장 프로그램으로 '특별 펠로우 프로그램Distinguished Fellows program'을 시작했다. 이 프로그램은 지역 기자들이 소속 언론사에서 중요한 탐사보도 프로젝트를 수행하는 동안 3년간의 급여와 복리후생을 지원해 그들이 돈이나 시간 제약 없이 폭넓은 주제로 취재할 수 있게 한다.

프로퍼블리카의 지역 보도 네트워크과 펠로우 프로그램은 각 지역 사회에 실질적인 변화를 가져왔으며, 협업 매체의 취재 프로젝트 다수가 권위 있는 저널리즘상을 받으며 전국적으로 인정받았다. 프로퍼블리카의 이런 연대 협업 사업은 함께재단이 2022년 시작한 독립언론 육성 프로젝트 기획과 설계에 큰 영감을 줬다.

02

언론 감시 독립언론

뉴스에디
NEWS WHERE

뉴스어디의 시작

처음으로 '뉴스의 진짜 얼굴을 봤다'고 말할 수 있는 순간은 2013년 '국정원 간첩 조작 사건' 보도가 나왔을 때다. 비영리 대안언론 단비뉴스 기자이자 대학원생이던 나는 이 사건을 소재로 처음 보도 분석 기사를 썼다. 이 경험이 없었다면 뉴스어디는 탄생하지 않았을 것이다.

10년이 지난 지금도 이 사건은 국가의 존재 이유를 되묻게 한다. 검찰이 증거를 조작했고, 국정원은 가혹행위로 거짓 자백을 받아냈다. 그리고 한 사람을 간첩으로 몰아 7년을 구형했다. 그는 직장에서 쫓겨났고, 구치소에 수감됐고, 수사와 재판에 시달리며 우울증을 얻었다.

그 과정에서 가장 예상치 못한 가해자는 언론이었다. 이때 보도를 분석하면서 나는 언론을 보는 법을 익힘과 동시에 언론이 한 사람의 삶을 어떻게 무너뜨리는지 목격했다. 취재원을 색깔별 형광펜으로 구분해 칠했다. 그 숫자를 세고 기록하고 다시 확인했다. 사건 타임라인을 만들어 언론사별로 어떤 보도를 했고, 하지 않았는지 정리했다. 문장마다 주어와 서술어를 확인하며 숨은 주어가 무엇인지 기록했다. 그리고 분석 결과를 오마이뉴스에 기고했다.

'<조선일보>, 유우성 말 딱 한 번 들었다'. 오마이뉴스 편집국은 내 기사에 이런 제목을 붙였다. 조선, 동아, 문화일보는 검찰과 국정원 그리고 존재 여부가 불분명한 '한 중국 소식통', '한 중국 전문가', '중국 사정에 밝은 소식통' 등을 취재원으로 기사를 썼다. 한 사람을 간첩으로 지목하면서, 그 사람 말을 듣지 않은 건 실수였을까. 기사를 다 쓰고 교수님께 이런 말을 했다. "이건 기사가 아니라... 범죄 아닌가요?"

<조선일보>, 유우성 말 딱 한 번 들었다
'국정원 간첩 조작 사건' 보도 분석 (상)... 맨 처음 보도한 동아는 0번

강명연 (unsaid)   박채린 (cpfmsl)

원고료로 응원하기   45   12   326

국정원이 간첩증거를 조작하기 위해 중국 공문서까지 위조한 '국정원 간첩조작 사건'이 지난 11일 결심공판에 이어 이제 항소심 선고공판을 앞두고 있다. <단비뉴스>는 전대미문의 '국정원 간첩증거 조작사건'과 관련한 주요 언론들의 보도태도를 분석해 2회로 나눠 싣는다.... 기자주

오마이뉴스에 게재한 국정원 간첩 조작 사건 보도 비평 기사 (출처: 오마이뉴스)

독립매체를 창간한 이유

　민주언론시민연합 활동가로 일한 경험 덕분에, 시민 후원을 기반으로 운영하는 독립언론 모델은 내게 낯설지 않았다. 언론사 입사를 준비할 때는 KBS '미디어포커스' 같은 언론 비평 프로그램이나, 언론이 외면한 쌍용차 사태의 해고 노동자 가족을 따뜻한 시선으로 바라본 '다큐 3일' 같은 프로그램을 만들고 싶었다. 유일하게 가고 싶던 방송사 면접에서 두 차례 탈락했다. 채용 자체가 없는 해도 있었다. PD라는 직함이 아니더라도 언론 문제를 추적할 수 있는 일을 찾다 보니 결국 도착한 곳이 민언련이었다.

　활동가가 된 후에는 '어떤 보도가 시민에게 필요한가'라는 질문으로 무게추를 옮겼다. 언론인이 발품을 팔며 고생한 흔적이 가득한 기사를 보고, 언론사 입사 지망생일 때의 나는 '나도 저렇게 열심히 발로 뛰어야지' 생각을 했을 테지만, 활동가가 되어서는 '30년 넘게 해결되지 않는 문제를 언론이 30년 동안 같은 방식으로 열심히 비판한다면, 그 보도는 시민에게 좋은 보도일까' 같은 고민을 하기 시작했다. 구독료 값을 하는 보도, 마음을 움직이는 보도, 세상을 변화시키는 보도를 보고 싶었다.

　동시에 활동가로서 작성한 내 보고서에 대한 회의도 커졌다. '시민' 단체 활동가로 쓴 글이 내 개인의 생각인지, 시민의 문제의식을 대변하는 것인지 자신 있게 말하기 어려웠다. '시민'은 누구인지, 독자를 시민으로 상정해야 할지 언론인으로 상정해야 할지도 불분명했다. 민언련 활동과 별개로 내가 쓴 글이 언론 변화를 이끌 수 있을지, 그만한 품질을 갖추고 있는지도 확신이 없었다. 비평은 그 특성상 쓰다보면 훈계로 끝날 때가 있는데, 기성언론이라는 견고한 벽에 균열을 내기엔 너무 미약했다.

손에 잡히는 변화를 만들고 싶었다. 경기 하남에서 서울 서촌 민언련 사무실까지 자전거를 타고 간식을 가져다주던 고령의 회원이 있었다. 나는 그분이 2시간을 달려 가져온 간식을 먹을 자격이 없었다. 물론 늘 맛있게, 또 많이 먹었지만, 먹고 나서 컴퓨터 앞에 앉으면 몸과 마음이 불편했다. 그런 후원자가 사무실을 찾아올 때 나에게는 그들에게 보여줄 만한 변화가 하나도 없었다.

국정원 간첩조작 사건으로 첫 보도 분석을 하면서 느낀 언론을 향한 실망감, 언론 관련 시민단체 활동가로 일하면서 느낀 무력감, 그럼에도 변화를 만들어서 보여주고 싶은 사람들의 존재가 전혀 예상 못한 독립언론사 창업을 선택하게 한 마중물이었다.

가장 현실적인 아이디어

복합적인 무력감을 느끼던 때, 함께재단의 '독립언론 100개 만들기 프로젝트' 모집 공고가 나왔다. 광고 없이 후원으로 운영하며 자본과 정치 권력에서 자유로운, 뉴스타파 같은 독립언론을 100개 만들자는 계획이었다. 처음에는 비현실적으로 보였지만 곱씹어보니 가장 현실적인 아이디어이기도 했다. 폐쇄적인 출입처 관행, 익명 남발 보도 같은 문제는 수십 년 동안 바뀌지 않았고, 앞으로도 쉽게 바뀌지 않을 것이다. 그런데 독립언론 100개가 존재한다면, 끄떡없던 벽에도 균열을 낼 수 있지 않을까.

하지만 이 프로젝트가 아무리 현실적이라 해도 당시의 나는 실행할 수 없었다. 대부분 언론사 입사 지망생이 그랬겠지만, 언론사를 창업하겠다는 생각은 해본 적이 없었다. 한국에는 성공 모델도 거의 없었다. 뉴스타파를 포함해 손에 꼽을 정도였고, 그마저도 대부분 베테랑 언론인들이 시작한 매체였다. 나는 독립언론사를 창업하겠다는 생각보다 민언련 콘텐츠를 만들 때 활용할 수 있는 툴을 배우고 싶어 지원했다. 그러나 뉴스쿨 과정을 거치면서 생각이 달라졌다. '한 번쯤은 해볼 수 있겠다'는 생각이 점차 자리 잡았다.

뉴스쿨 1단계 커리큘럼은 기성매체 입사 준비 과정과는 확연히 달랐다. 기성매체에선 쓸 기회가 많지 않을 탐사보도, 데이터저널리즘 중심이었다. 한국 언론사·언론 윤리, AI와 언론, 지역언론과 독립언론에 관한 수업도 있었다. 언론 지망생 대상 교육과정으로는 세명대 저널리즘스쿨 대학원이 유사한 프로그램을 운영하지만, 이곳도 기성매체 입사가 목표라는 점에서 뉴스쿨과는 차이가 있다. 특히 데이터저널리즘은 이때 잘 들어두지 못해 가장 후회한 수업이었다. 이 단계는 언론인이라면 반드시 들어야 할 수업이기도 하지만, 독립언론 창업을 준비하는 데는 더 필수적이었다.

1단계에는 워크숍 시간도 있었다. 각자 관심 있는 주제를 골라 배운 내용을 토대로 취재 기획안을 작성하는 시간이다. 독립언론인의 시선으로 처음 써보는 기획안인 만큼, 내 관심사를 확장해 '더 잘 취재하기 위해 필요한 것'을 점검하는 계기였다.

당시 나와 두 명의 팀원은 '포털뉴스 저품질의 근본 원인'을 주제로 삼았다. 지금은 언론사들이 자사 홈페이지에서 다양한 실험을 하지만, 불과 몇 년 전만 해도 '디지털 전략'이라 불린 것은 포털에서 클릭이 잘 될 만한 뉴스를 빠르게 생산하는 것이 전부였다. 그 결과 독자는 질 낮은 뉴스에 더 많이 노출됐다.

우리는 이를 드러내기 위해 지면 기사와 포털 노출 기사를 비교하고, 언론사별로 기사 수명이 얼마나 다른지 살폈다. 지면에 실린 기사 제목이 온라인판에서는 자극적으로 바뀌는 사례를 확인했다. 지면에서는 '5.18 헬기 사격 사망 정황 첫 제기'라고 붙인 제목이 온라인에서는 '[단독] "뇌 안까지 찢긴 21살…" 광주 헬기사격 사망 가능성 첫 증언'으로 변했다.

접근1) 지면기사의 제목변경 비율

한국경제 : 05/17 지면 기사 122개 중 15개 기사가 제목변경

지면기사 제목	온라인기사 제목
추경 처리·총리 인준 "초당적 협력 해달라"	윤 대통령 추경 처리·총리 인준 "초당적 협력 해달라"
5·18 헬기사격 사망 정황 첫 제기	[단독] "뇌 안까지 찢긴 21살…" 광주 헬기사격 사망 가능성 첫 증언
김정은 "군 투입해 의약품 공급"…실무접촉 통지문엔 무응답	북 코로나 폭증…평양 '10만 인파' 열병식이 불씨였나
18살이 대체 왜…무섭게 퍼지는 '백인 대체론'	흑인들에게 총기난사 생중계한 18살…'백인 대체론'이 뭐길래
"북·중, 방역 지원 논의중"…마스크·백신·해열제 말라	"북·중 코로나 방역 지원 논의 중"…북, 마스크·백신·해열제 부족
연금·노동·교육개혁 꺼낸 尹 대통령 "늦추면 사회지속성 위협"	윤 대통령이 시정연설에서 가장 강조한 낱말은…
'윤의 협치' 말 따로 실행 따로? 한동훈·윤재순 인사철회 선그어	어제는 "협치", 오늘은 '한동훈 임명' 강행?…여야 긴장감 고조
5·18 호남 포용 행보…기념사에 '헌법 전문 수록' 담나	윤 대통령, 5·18 기념식 참석…기념사에 '헌법 전문 수록' 담나
다주택자 종부세 기준 6억→11억 민주당, 선거 앞 보유세 또 '후퇴'	민주당, 다주택자 종부세 과세기준도 '6억→11억' 추진
여야 '네거티브 난타전'에 묻힌 '민생'선거	'민생'은 어디로?…'비리·비토·범죄'만 도드라지는 지방선거
원희룡 국토 "100일안 250만호 공급계획 발표"	원희룡 "100일 안에 250만호+α 주택 공급 발표"
질병관리청장 백경란 내정	윤석열 정부, '정은경 후임'에 백경란 교수 내정
"보안대, 진압 정당성 위해 '폭도몰이'"…요원들과 마이 다퉜다	심사 없이 '폭도' 낙인, 보상 0원…"보안대와 많이 싸웠습니다"
한영애·최정훈 '동곡이몽'	한영애·잔나비 최정훈, 한 노래 두 해석 '동곡이몽'
이 작품, 수년간 자연이 그렸다오	2년간 바람과 비 맞으며 자연을 '현상'한 캔버스 작품들
팬데믹 퇴조에 볼륨 높인 대관령음악제	대관령음악제 7월2일부터…'가곡의 밤'도 마련
"강제집도·녹화사업 얼룩진 '오월의 시간' 현재 진행형이죠"	그는 왜 '5·18 계엄군'을 피해 함께 숨었던 한 남자를 찾았나

데이터 분석 방법이나 세부 기술적인 내용은 알기 어려웠지만, 팀원의 도움으로 확보한 매체별 기사 노출 시간 그래프는 독자들이 문제를 직관적으로 이해할 수 있게 했다. 데이터와 시각화는 독자 친화적일 뿐 아니라 기사에 설득력까지 더할 수 있다는 점을 배웠다.

발표 자료에 포함한 한국경제, 한겨레, 뉴스타파 포털 기사 수명을 비교하면, 한국경제의 경우 낮 시간대 기사 수명이 30분도 채 되지 않았다. 한겨레는 평균 한 시간 정도였다. 반면 뉴스타파는 포털 노출 기사 수는 적었지만, 개별 기사 노출 시간은 최대 12시간에 달했다. 타사 기사보다 생명 주기가 더 길다는 의미다. 뉴스타파가 후원자 기반 모델을 유지할 수 있는 비결 중 하나가 바로 장기 노출이 가능한 양질의 콘텐츠를 꾸준히 생산하기 때문임을 알 수 있었다.

포털 저품질 뉴스 문제는 이미 널리 알려진 사실이었기에, 자칫 밋밋한 기획안이 될 수도 있었다. 그러나 데이터와 시각화 덕분에 '언론의 디지털 전략은 공익보다 돈벌이에 치우쳐있다'는 메시지를 쉽고 설득력 있게 전달할 수 있었다.

독립언론, 한국에서만 낯선 모델

해외 독립언론을 직접 본 경험도 내게 중요한 계기가 됐다. 뉴스쿨 3단계(창업 과정) 시기이던 2023년, 스웨덴 예테보리에서 열린 글로벌 탐사보도 네트워크 GIJN, Global Investigative Journalism Network' 주최 글로벌 탐사보도 콘퍼런스 GIJC에 다녀왔다. 전 세계 탐사보도 언론인이 모여 취재 팁을 공유하는 자리였다.

GIJC에서 특히 인상적인 점은 독립언론을 위한 세션이 매우 많았다는 것이다. 기성매체에서 탐사보도를 제대로 할 수 없어서, 또는 정부의 언론 탄압 때문에, 독립언론을 선택한 언론인을 어렵지 않게 만날 수 있었다. 이들을 위해 마련된 프로그램으로 '프리랜서 생존 팁', '망명 언론: 생존 전략', '모금: 잠재 후원자 발굴', '비즈니스 전략 개발' 등이 있었고 강의실은 매번 가득 찼다. 독립언론은 한국에서만 낯선 모델이었다.

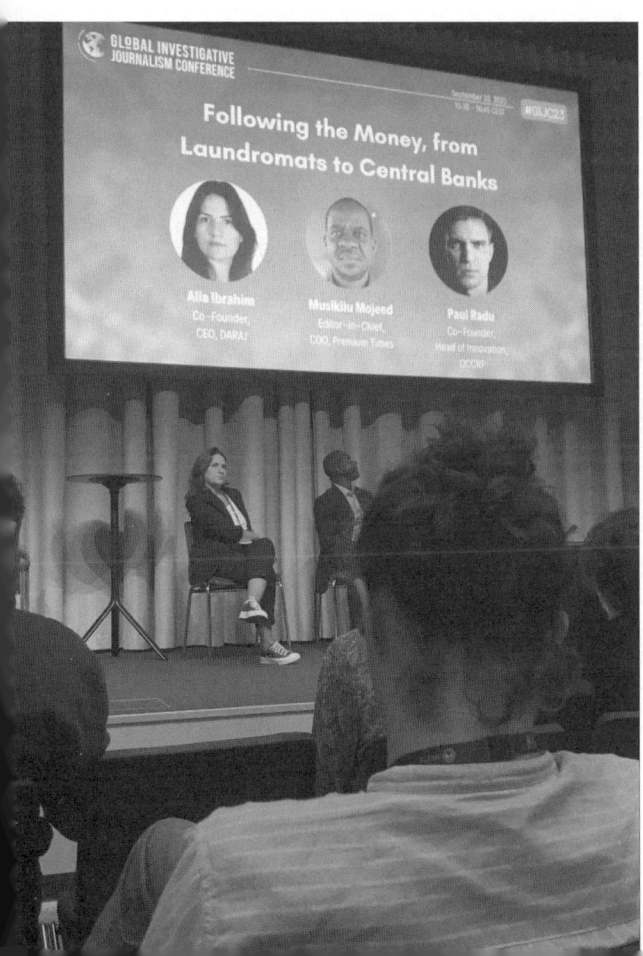

2023년 9월 20일 열린 GIJC 'Following the Money, from Laundromats to Central Banks' 세션. 레바논 기반 독립언론 DARAJ, 나이지리아 독립 탐사보도 매체 Premium Times, 동유럽과 중동 지역 탐사보도 네트워크인 OCCRP 기자 들이 불법 자금 돈세탁 등을 추적하는 기법을 공유했다.

뉴스쿨 1단계 과정에서 들은 미국 비영리 독립언론 네트워크인 INN^{Institute for Nonprofit News} 수 크로스 전 대표의 세미나도 기억에 남는다. INN은 2009년 발족 당시에는 소속 매체가 소수에 불과했지만, 현재는 500개 이상으로 늘었다. 매체 환경 변화 등 여러 요인이 있겠지만, 500개 넘는 독립언론이 실제로 생존하고 있다는 사실 자체가 창업을 결심할 용기를 주었다.

펠로우, 독립언론 예행 연습

뉴스쿨 2단계는 소속 기자처럼 뉴스타파에 출근해 취재하고 기사를 작성하는 과정이다. 펠로우 생활은 독립매체를 창간한 이후의 생활과 80% 정도 겹친다. 문제의식을 세우고 취재를 해서 기사를 쓴다는 점은 기성매체와 같지만 출입처도, 가까이서 도와줄 선배도 거의 없다. 펠로우 활동을 시작할 때 팀장은 "출퇴근 시간은 자유다. 다만 어디에 가는지만 알려 달라"고 했다.

2단계는 독립언론 창업 예행 연습에 가까웠다. 초반에 짧은 교육 과정도 있었다. 첫 일주일 동안은 세금을 감시하는 시민단체에서 예산 보는 법을 배웠고, 주중 하루는 펠로우들이 모여 해외 보도 사례를 공부해 공유했다. 당시에는 다른 기자들과 취재 팁을 나누는 자리로 임했지만, 지금 돌이켜보면 매체 간 협업을 미리 체험하는 성격이 강했다. 이 경험을 토대로 뉴스어디는 이후 뉴스하다와 협업 취재를 했고, 코트워치와는 매달 정기적으로 취재를 공유하며 피드백을 주고받는 구조를 만들었다.

협업으로 생산한 기사도 있었다. 펠로우를 막 시작할 무렵 이태원 참사가 발생했는데, 현장에 갔지만 할 수 있는 일은 많지 않았다. 당시 김용진 뉴스타파 대표의 제안으로 참사 직전 언론 보도를 분석한 "예견된 참사'라는 언론, 참사 전에는 핼러윈 상품 홍보와 마약에 집중'이라는 기사를 작성했다. 분석 결과, 혼잡으로 인한 안전사고를 우려하는 기사는 거의 없었고 핼러윈 관련 광고성 기사가 전체 보도의 45%를 차지했다.

1단계 워크숍 때 경험처럼, 이때도 데이터 분석을 더하니 기사 설득력이 더 높아졌다. 이태원 참사 관련 기사를 보면 유난히 '마약' 이야기가 많았는데, 그 시작점이 언론이었다는 것을 트윗 분석을 해서 확인했다.

특이한 건 이태원이 언급된 17,708건의 트윗 가운데 10월 27일 오후 5시 41분 이전의 트윗에는 마약 관련 이야기가 한 건도 없다는 점이다. 하지만 국민일보 공식 트위터 계정이 이날 오후 5시 41분에 "이거 사탕 아냐? 이태원, 핼러윈 앞두고 '마약주의보'"라는 트윗을 올리면서 트위터상에 '이태원, 마약주의' 관련 이야기가 빠르게 퍼졌다.

분석 기간을 좁혀서 국민일보가 이 트윗을 올린 직후부터 참사가 발생한 29일 오후 10시 15분까지 '이태원'을 언급한 트윗을 집계했다. 모두 13,869건이 나왔다. 여기서 '마약'을 언급한 트윗은 5535건, 무려 40%에 달했다. '이태원 마약주의' 트윗은 대부분 언론사 기사를 인용·전달하거나 캡처해서 올리는 형식이었다. 참사 이틀 전인 27일

저녁부터 트위터에선 이태원과 마약이 붙어다녔다고 볼 수 있다.

'예견된 참사'라는 언론, 참사 전에는 핼러윈 상품 홍보와 마약에 집중, 뉴스타파, 2022. 11. 4.

'협업'은 필수

돌아보면 이 과정도 협업이 바탕이었다. 펠로우들은 두 팀으로 나뉘어 취재를 했고, 내가 작성한 기사에 활용한 일부 자료는 다른 팀에서 나온 것이었다. 서로 취재 내용을 공유하고 피드백을 주고받는 과정에서, 타 팀이 구상해 분석한 자료였지만 이태원 보도 분석 기사를 설명하는 데 도움이 된다고 판단해 기사에 싣자고 제안할 수 있었다. '이태원 참사 '재난통신망' 기록 폐기…"얼마나 무책임한가"'(2023. 4. 14.)' 기사는 이태원 참사 당시 재난 대응 기관 간 '재난안전통신망' 교신 내역이 불과 3개월 만에 모두 삭제됐다는 사실을 밝힌 보도였다.

당시 김주형, 최윤정 펠로우(현재 코트워치 기자)와 다른 화재 사고에서 재난통신망을 제대로 활용하지 못한 사례를 조사하다가 일부 기록이 폐기된 단서를 찾았고, 이를 바탕으로 이태원 참사 때의 기록도 폐기됐음을 밝혀냈다. 이 보도 이후 행정안전부는 재난안전통신망 기록 보존기간 연장을 위한 기준을 마련하겠다고 발표했다.

겉으로는 특별할 것 없어 보이는 취재 공유 과정이었지만, 인원과 자원이 한정적인 작은 매체에서는 이런 교류와 협업이 얼마나 중요한지 펠로우 기간 내내 체감했다.

'언론 탐사 언론' 뉴스어디 시동

독립언론 창업 인큐베이팅 단계인 3단계로 진입하기 위해서는 창업 PT와 심사를 거쳐야 했다. 뉴스타파 기자와 뉴스타파함께재단 이사들 앞에서 프레젠테이션을 해 매체의 미션과 비전, 1년 취재 계획, 후원자 모집을 포함한 홍보 방안, 대략적인 예산안을 제시했다.

본격적인 준비에 들어간 것은 창업 약 한 달 전이었다. 그러나 이 기간은 창업을 준비하기에는 턱없이 부족했다. GIJC에서 접한 독립언론 창업 관련 과정에 따르면, 최소 4~5개월은 필요하다고 한다. 뉴스쿨 2기부터는 2단계 시작과 동시에 1년 동안 이 과정을 준비한다고 들었다. 지금 돌이켜보면 이 시기가 가장 중요했다. 당시 뉴스어디의 목표와 비전, 계획을 더 단단하게 세워뒀더라면 이후 닥쳐올 불안과 예상치 못한 상황에도 기댈 수 있는 버팀목이 되었을 것이다.

언론사명(가칭)	뉴스어디
전문분야	미디어
구성원	박채린

1. 위 독립언론을 창업하고 싶은 이유는 무엇인가요? 창업 목표와 비전 등을 설명해주세요.

<뉴스어디>는
- 탐사보도 중심 미디어 전문 매체를 지향하며, 시민에게 필수적이고 신뢰할 수 있는 정보를 충분히 제공하는 언론 생태계를 만드는 저널리즘을 수행합니다.
- 시민 후원금으로 운영되는 비영리 매체이자, '침묵의 카르텔'이 작동하는 기성 언론에서 자유로운 스타트업으로 오직 진실과 시민 편에서 언론을 감시합니다.
- 시끄럽지만 자유롭고, 다름을 인정하며, 미래세대를 위해 고민하는 성숙한 언론 공론장과 그 구성원의 지지자가 되길 꿈꿉니다.

이런 사람들을 위한 새로운 독립언론
- 취업, 결혼, 출산, 내 집 마련 등 내 삶의 중요한 결정을 내리는 데 필요한 정보를 언론에서 찾으려 했지만 매번 실패하면서 언론에 불신만 커진,
- 정확하고, 신뢰할 만한 정보를 통해 더 똑똑해지려는 열망을 가지고 뉴스를 봤지만 오히려 잘못된 정보에 혼란을 겪은,
- 한 때 질 낮은 기사에 댓글도 달며 불만을 토로했지만 이제는 포기한,
- 그럼에도 언론이 세상을 변화시킬 수 있다는 믿음을 갖고 뉴스를 어디까지 신뢰할 수 있을지 늘 고민하는 현명한 뉴스 audience!

왜 <뉴스어디>인가

언론 문제 대부분은 언론의 기업화, 상업화에서 시작합니다. 정파성 역시 언론사의 주요 기사 판매 전략입니다. 언론은 여느 기업과 다름없는 '기업'이 됐지만, 기성언론이 수 십년간 쌓아온 견고한 '성벽' 탓에 감시의 '성역'이 됐습니다.

그래서 '뉴스어디'는 언론의 '돈줄'을 집요하게 추적합니다. '뉴스어디'는 광고에 의존하는 기성 언론과 달리 시민의 자발적 후원으로 운영되는 매체로 언론의 '돈줄' 추적에 최적화된 매체입니다. 권력과 유착되고, '그때는 맞고 지금은 틀리다' 식의 보도, 노동자 혐오를 유발하는 보도…그 모든 배경에는 '돈'이 있습니다. '뉴스어디'는 언론의 모든 문제가 파생되는 시작점, 언론의 '돈줄'을 집요하게 파헤칩니다. 지자체 홍보비, 편법으로 점철된 기사형 광고 등을 통한 수입이 아닌 독자의 신뢰에 기반한 '돈'만으로 굴러가는 언론 생태계를 만드는 데 몰두합니다.

뉴스어디 창업 기획안. 현재 뉴스어디 영문명은 'Newswhere' 이지만 당시에는 'Newsaudi' 였다. 'audi'가 자동차 브랜드 '아우디'와 스펠링이 같아 교체했다.

매체 이름에는 "진짜 뉴스는 '어디' 갔는가"라는 문제의식을 담았다. 애초에는 시민과 함께 언론을 바꿔간다는 의미로, 'News'와 독자를 뜻하는 'Audience'를 결합해 뉴스어디Newsaudi로 제호를 정하고 도메인도 구매했다. 그런데 'news-audi.org'라는 도메인이 자동차 브랜드 아우디Audi를 연상케 한다는 지적이 나왔다. 실제로 미국에서 나고 자란 지인에게 제호를 보여주자 "아우디 홍보 플랫폼 아니냐"는 반응을 들었다. 아우디 홍보지로 오해받을 뻔한 상황을 막아준 김용진 에디터와 보스턴에 거주하는 지인에게 감사한다.

뉴스어디 하길 잘했다

뉴스어디는 2023년 11월 9일, '광고주·언론사 항의로 비공개한 '기사형 광고'… 뉴스어디가 전면 공개'를 첫 기사로 창간했다. 2025년 11월 6일을 기준으로 총 기사 29건, 영상 2편을 제작했다. 그중 "뉴스어디 하길 잘했다"고 확신한 세 가지 보도를 꼽아봤다.

첫째, 조선일보 기사형 광고 6건 계약 취소 이끈 고발 보도

창간 아이템은 '기사형 광고'였다. 시민과 함께 언론 문제를 해결하겠다는 애초 기획(당시 제호 Newsaudi)의 연장선이었다. 실제 피해를 입은 시민을 만나 무엇을 왜 믿었는지 듣고, 어떤 해결책이 필요한지 물었다.

취재 과정에서 한 다단계 사기 업체가 투자자 모집에 기사형 광고

를 적극 활용한다는 사실을 확인했다. 탈퇴하러 간 투자자에게 중앙일보와 조선일보 기사를 근거로 "문제없다"고 설득했고, 사기 의혹 보도가 나오자 탈퇴 희망자들에게 다음과 같은 메시지를 돌렸다.

> 대한민국 최고 권위와 발행부수를 내는 중앙, 조선일보에서 4면 전면 광고식으로 회사를 소개하는 기사가 나갔습니다. 이 두 신문사 발행부수를 합치면 200만 부가 넘고 수십 년간 정통 국가를 대변하는 언론이라고 인정을 받는 곳입니다. 회사 출발 4년 5개월 만에 인정을 받은 것입니다. (중략) 걱정 안 하셔도 됩니다.
>
> 묻지도 따지지도 않는 '기사형 광고', 사기성 사업에 악용, 뉴스어디, 2023. 11. 20.

수사가 진행 중인데도 조선일보에는 이 업체를 유망 기업처럼 묘사한 홍보성 기사가 이어졌다. 조선일보에 확인하자 "취재를 거치지 않은 광고"라며, 문제제기 후 추가된 계약 6건을 취소하겠다고 답했다.

> 그냥 전면기사식 광고다. 대행사에서 의뢰를 받아서 그냥 광고로 생각하고 게재한다. (중략) 확인 절차는 거치지 않는다. 총 6회를 해달라고 요청이 왔는데 일단 다 취소는 해놓은 상태다.
>
> 조선일보 광고국

이 취재로 추가 피해를 줄이는 작은 변화를 만들었다. 표기 문제에 관해 피해자에게 물었다. 언론은 대개 기사형 광고 상단에 '애드버토리얼 페이지'라고 표기하면 문제없다는 입장이지만, 피해자 반응은 달랐다.

요즘은 너무도 자연스럽게 유튜버들이 이거는 광고라고 얘기를 하고 진행을 하는데... 기사형 광고라든지 그런 부분을 표기해주는 게 당장의 방법이 될 수 있을 것 같고. 유튜브 유료 광고 포함 배너 등은 발빠른 조치잖아요.

(기자: 유튜브보다 언론사가 먼저 광고 표기 시작했다. 여기 애드버토리얼이라고 적어뒀다)

처음 알았어요. 광고라고 적혀있네요. 한 번도 이런 걸 볼 생각조차 못해봤어요.

묻지도 따지지도 않는 '기사형 광고', 사기성 사업에 악용, 뉴스어디, 2023. 11. 20.

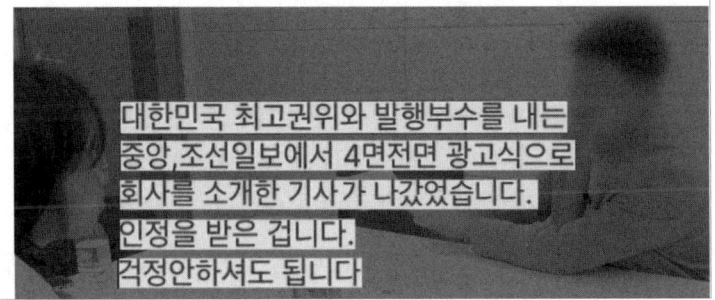

둘째, 가습기 살균제 홍보 기사, 20년 만의 사과·정정보도

2024년 1월 11일, '가습기메이트' 제조사(SK케미칼)와 유통사(애경) 전직 대표가 항소심에서 금고 4년을 선고받았다는 뉴스를 보며 '가습기 살균제'를 홍보한 기사가 얼마나 되는지 검색해봤다. 여러 매체가 과거에 쓴 홍보성 기사가 여전히 남아있었다.

연락이 닿은 한 피해자는 과거 기사들을 이미지 파일로 보관하고 있었다. 이를 재검색해 원문을 찾아 모았다. 피해자에게 궁금한 게 있었다. 20년 전 모습 그대로 남아있는 '살균제 홍보' 기사에 대해 가습기 살균제 피해자는 무엇을 할 수 있을까.

> "언론사를 대상으로 문제를 제기해볼 생각은 없냐"고 묻자 이은영 씨는 "언론사가 그 기사가 남아있다는 걸 아직 모를까요?"라고 되물었다. 이 씨는 과거 가습기 살균제와 관련해 기사 수정을 요청한 적이 있었는데, 언론사가 '언론중재위에 신고하라'고 되레 큰소리를 친 경험을 얘기했다. "기력이 없어 전화도 몇 분 못 하는 상황"이라고도 했다.
>
> 가습기 살균제 "독성" 인정됐지만…"인체 무해" 언론 보도 여전히 방치,
> 뉴스어디, 2024. 2. 23.

피해자에게 가습기 살균제 홍보성 기사를 어떻게 해결하고 싶은지 물었더니 "(언론사가) 스스로 문제라고 인식해 '이런 일이 일어나지 않게 하는 계기가 되도록 하겠다' 이런 입장을 내면 좋은 선례가 될 것 같다"라고 했다. 그런데 이 일이 간단치는 않아 보였다. 언론중재위원회나 한국신문윤리위원회 등은 구제 신청이 가능한 대상 보도의 기간을 정해두는데, 중재·윤리 기구의 신청 기간 제한 탓에 20년 전

기사는 대상이 아니었고, 신문윤리위 조치도 대부분 경고에 그쳐 실효성이 약했다.

　뉴스어디가 대신 방법을 찾아보기로 했다. 그러다 고충처리인 제도를 알게 됐다. 고충처리인은 '언론중재 및 피해 구제 등에 관한 법률'에 따라 방송사, 신문사 등이 자율적으로 언론 피해 예방과 구제를 담당하게 하는 제도로, 고충처리인을 두지 않을 시 3천만 원 이하의 과태료를 내야 한다. 고충처리인에게 메일을 보내기 시작했다. 일반 시민도 따라할 수 있도록 기자라는 신분을 밝히지 않았다가, 답이 없는 매체엔 신분을 밝혔다. 그러자 뒤늦게 답을 보내온 매체도 있었다.

　결과가 나왔다. 6개 매체 중 3개 매체(머니투데이, 문화일보, 파이낸셜뉴스)는 기사를 삭제하겠다고 회신했고, 2개 매체(동아일보, 서울신문)는 답변하지 않았다. 경향신문은 유일하게 독자에게 사과하며 정정보도를 했다. 피해자는 "감동스럽다"는 답변을 보내왔다. 뉴스어디가 만든 또 하나의 변화였다.

🔍 **경향신문**　경제　　　　　　가습기 사흘에 한번 꼭 청소　　✅ 읽음

> 기사가 게재된 2004년 당시에는 정부와 기업, 민간 연구기관에서 가습기 살균제와 관련한 유독성 판단이 나온 게 없었지만 2011년 정부가 가습기 살균제를 회수 조치했고 2024년 1월 11일 가습기살균제 제조·판매 업체 관계자들이 항소심에서 유죄를 선고받으면서 해당 제품들의 유해성이 입증된 상황입니다. 경향신문은 기사에 언급된 이 제품들에 인체에 유해한 성분을 포함하고 있음을 명시합니다. 기사 표현대로 '가습기를 더 안전하게 사용할 수 있는 방법'은 사실이 아니므로 정정합니다. 사과드립니다.

뉴스어디가 고충처리인에게 메일을 보낸 뒤 경향신문이 낸 정정보도

다만 이 보도 후 "활동가 같다"는 피드백도 받았다. 기자는 관찰자여야 하고 사안 개입에 신중해야 한다는 지적이다. 동의하는 측면도 있다. 다만 기사형 광고 문제만큼은 피해 축소와 공익을 위해 적극 개입형 보도가 필요하다고 판단했다. 뉴스쿨 때 수업을 들은 전남대 신우열 교수의 "기존 방식이 아닌 새로운 형태의 도전이 필요하다"는 조언도 힘이 됐다. 이 보도로 뉴스어디는 Q저널리즘상(제2회, 발굴보도)을 첫 수상했다.

셋째, 뉴스어디 지적 뒤 사라진 '내란 옹호' 칼럼 코너

2024년 12월 3일 윤석열 대통령이 불법 계엄령을 선포했고, 6시간 만에 해제됐다. 다수 언론은 이를 비판하고 불법성을 설명했지만, 뉴스어디 모니터링에서 대구 지역 일부 매체가 비판 없이 윤석열 발언을 그대로 1면에 낸 사실을 확인했다. 또 불법 계엄을 '어쩔 수 없는 계엄', '해프닝' 수준으로 치부한 사례도 나왔다.

뉴스어디는 서울에서 제주까지 전국 50여 개 주요 매체의 1면과 사설을 분석해 '비상계엄 보도에 등장한 '충청의 아들 윤'부터 박정희 동상까지'라는 제목의 기사를 보도했다. 대구의 '1등 신문'이라는 매일신문의 디지털 논설실장 전면 칼럼이 '대통령은 사회적 약자'라는 등 사실 왜곡과 내란 옹호를 거듭한 사실을 들춰냈다. 해당 코너는 이 매체에서 유일한 시사 분야 전면 칼럼으로 댓글도 꽤 많이 달리는 코너였다. 뉴스어디는 대구 매일신문 전면 칼럼을 비판적으로 분석한 기사를 냈다. 3주 뒤, 이 코너는 폐지됐다. 내부 기자들의 폐지 요구가 있었다고도 들었다. 뉴스어디 보도만으로 이끈 결과라고 단정할 수

는 없지만, 내부 문제 제기와 외부 감시가 결합된 사례라고 볼 수 있다.

"뉴스어디는 입주가 어려울 것 같다"

뉴스어디는 뉴스타파함께재단이 임대료 일부를 지원하는 공유오피스를 쓰고 있었다. 그러나 뉴스어디 재정 상황을 고려할 때 월 20만 원의 자비 부담도 만만치 않았다. 그래서 새 사무실을 찾기 시작했다.

청년 창업 기업의 경우 구 단위에서 지원하는 사무 공간이 꽤 있는데 뉴스어디와 같은 비영리단체는 입주 대상이 아니었다. 그러다가 비영리단체나 사회적기업 등에게 민간 공유오피스 수준의 시설을 저렴하게 임대해주는 곳이 있다는 정보를 알게 됐다. 서류 전형과 면접을 거친 뒤 '사회적 임팩트' 즉, 사회 변화를 이끌어낼 수 있는 정도에 따라 최대 80%까지 할인을 해주는 방식이었다.

7만 9천 원. 뉴스어디가 최대 할인을 받을 경우 책정 가능한 임대료였다. 함께 사무실을 쓰는 동료인 코트워치는 위치 문제로 같이 갈 수 없어 망설였지만, 7만 9천 원의 임대료는 뉴스어디의 지속가능성을 현재보다 배로 늘려줄 금액이라고 생각했다. 이뿐 아니라 이 건물에는 평소 눈여겨보던 사회적기업이 많이 입주해있어 다양한 협업 기회도 생길 것 같았다.

서류 전형과 한 시간 정도 이어진 면접, 그리고 2주간의 기다림 끝에 뉴스어디가 받은 결과는 입주가 불가능하다는 것이었다.

정치적 가치 중립을 중요한 원칙으로 삼고 있는 ○○○의 특성상 언론사의 입주가 어려울 것 같다는 판단이 있었습니다.

이 통보를 받고 장문의 유감 메일을 보냈다. 임대료 혜택을 받지 못해서가 아니라, 입주를 거절하는 잣대가 부당했다. 언론사라는 것은 처음부터 알고 본 면접이었기에, 뉴스어디 기사를 보고 가치중립적이지 않다는 판단을 했을 것이다.

뉴스어디의 활동이 정치적으로 편향되어보였다는 판단은, 어쩌면 지금의 언론 환경이 한쪽 방향으로 기울어있다는 현실에서 비롯된 시각일 수도 있겠다는 생각도 듭니다. 저희는 오히려 그 기울어진 구조를 바로잡기 위한 균형추 역할을 하고자 하는 언론이라는 점을 강조드리고 싶습니다.

사회적 임팩트 측정 경험이 많은 조직에서 온 통보였기에 충격이 더 컸다. 그 일을 계기로 뉴스어디는 '균형추 원칙'을 내부 잣대로 삼았다. 표면상 편향처럼 보이더라도 공적 불균형을 교정하기 위한 기사라면 필요한 개입인지 끝까지 확인하자고 결심했다.

Pay It Forward

언론중재위원회로부터 '조정기일 출석요구서'라는 문서를 받았다. '방심위·선방위에 얽히고설킨 보수 단체 '공언련' 인맥(2024. 4. 30.)' 기사에서 방송통신심의위원회 자문 기구인 '권익보호특별위원회' 위원 A 씨를 비판했는데, 그가 정정·반론·손해배상 청구를 제기하면서 출석을 요구받은 것이다. 해당 기사는 방심위 자문 기구에 공정언론국민연대 등 특정 단체 출신 인사가 포진해있고, 위촉 과정도 불투명했다고 지적한 보도였다.

현재 뉴스어디는 정정·반론 보도 요구를 수용하라는 중재위 결정에 불복해 재판을 진행 중이다. 기사로만 접하던 중재위와 재판을 직접 경험하니 심적 부담이 적지 않았다. 하지만 누군가를 비판하는 기자라면 그 비판에 따른 항의에 충분히 설명할 책임이 있고, 그러한 부담을 늘 짊어져야 한다고 생각한다. 결과가 나올 때까지 매번 재판에 출석하며 충분히 설명할 생각이다.

이 과정에서 마음에 남은 말은 'Pay it forward'다. 뉴스어디가 지금까지 버틸 수 있던 것도 수많은 이들의 도움 덕분이다. 어느 날 매번 밥을 얻어먹는 게 미안하다고 한 뉴스타파 기자에게 말했더니, 그는 "Pay it forward"라고 말했다. 나중에 뉴스어디의 도움이 필요한 다른 사람에게 갚으라는 말이다.

뉴스어디가 중재위 결정에 불복해 지키고 싶은 것을 지키기 위한 재판을 이어갈 수 있는 것도 결국 이 'Pay it forward' 정신 때문이라고 생각한다. 처음에는 '나홀로 소송'을 준비했지만, 300만 원이 넘는 변호사 수임료를 혼자서는 감당할 수 없었을 것이다. 김용진 에디터와 뉴스타파함께재단 후원자들, 그리고 함께재단 이사인 강병국 변호사 도움으로 재판을 이어가고 있다. 언젠가는 뉴스어디도 다른 이에게 베풀 날이 올 것이라고 믿는다. 독립언론을 꿈꾸는 누군가에게 "Pay it forward"라고 말하며, 먼저 손을 내밀 수 있는 매체로 성장하고 싶다.

후발주자를 위한 팁

재정

뉴스어디는 2025년 11월 6일 기준 79명의 회원(정기: 39명, 일시: 40명)과 함께한다. 현재 구조는 지속가능하지 않다. 뉴스타파함께재단 지원이 종료된 이후 인건비를 가져간 적은 한 번도 없었다. 독립언론사 창간을 결심했다면 반드시 재정적 준비를 해둬야 한다. 나는 함께재단으로부터 인건비 수준의 지원금을 받을 때 절반을 저축했다. 부업도 병행했는데, 미디어 비평 등 뉴스어디 업무와 유사성이 높고 출퇴근이 필요 없는 형태였기 때문에 가능했다. 그러나 독립매체 운영은 야근이 일상이고 휴일 없는 생활이 이어지므로, 장기적인 부업 병행은 사실상 불가능하다.

회원 관리

뉴스어디 전문 분야인 '언론'은 주로 높은 연령대의 관심도가 높다. 텔레그램이나 인스타그램과 같은 SNS 사용 빈도가 떨어질 수 있어서 기사가 나올 때마다 문자를 보내려고 노력한다. 뉴스어디는 휴먼소프트웨어라는 회원 관리 시스템을 사용한다. 비영리매체 대상 프로그램을 제공하는데, 맥 컴퓨터로는 이 회사가 제공하는 문자 발송 시스템을 사용할 수 없다. 타깃 후원자층에 따라 문자 발송 빈도가 높다면 인터넷상에서 바로 쓸 수 있는 문자 발송 시스템을 이용하는 게 회원 관리에 더 효과적일 듯하다.

지원 사업

회원 후원이 독립언론사의 재정 기반이지만, 취재 지원 예산을 받을 수 있는 기회도 적지 않다. 비영리 관련 정보 모음 레터인 오렌지 레터나 공익활동 지원 프로그램이 있는 아산재단, 아름다운재단 등에서 레터를 받아보며 내 매체에 해당하는 프로그램이 있는지 지속적으로 살펴볼 것을 추천한다.

그런데 뉴스어디처럼 1인 기업일 경우 지원 사업에 응모 자체가 불가능한 경우가 많다. '아산 비영리 스타트업 도전트랙 지원 프로그램'은 1인이되 비상주 직원이 1인 이상 있다면 지원이 가능하다. 뉴스어디는 모집 공고에 '인원 제한 없음'이라는 문구를 보고 지원했다가, '모두가 상주 직원일 필요는 없다는 의미에서 인원 제한 없음'이라는 연락을 받고 지원서 접수가 취소됐다. 1인 매체라면 협업할 인원을 모은 다음 지원해 합격하면 별도 정산 없는 500만 원의 지원금을 받을 수 있다.

기반 다지기

뉴스어디는 본격적인 창업 준비 기간이 한 달에 불과했다. 그러나 독립언론 창업을 결심했다면 최소 4~5개월의 준비 기간을 확보해 매체의 비전·미션·세부 계획을 충분히 다듬을 것을 권한다.

나는 '글로벌 탐사보도 네트워크 콘퍼런스GIJC, Global Investigative Journalism Conference'에서 들은 'Developing a Business Strategy' 세션 내용이 특히 참고할 만하다고 본다. 다음 항목을 숙고해 완성하고, 사무실 내 잘 보이는 곳에 두고 지속적으로 수정·발전시키면 좋겠다.

미션: 우리 조직은 무엇을 달성하기 위해 존재하는가
비전: 우리는 어디로 향하고자 하는가 (실현 가능한 목표 설정)
고유한 가치: 우리의 저널리즘이 경쟁자보다 뛰어난 점은 무엇인가
독자층: 현재 독자층과 확장 대상, 참여를 높이는 방법, 독자를 위해 해결할 수 있는 문제는 무엇인가
영향력: 보도로 인한 정책 변화, 수상 경력, 독자 수·후원자 증가 추이 등 지표 (기록·공유 필수)
전략적 우선순위: 비전과 목표를 실행 계획에 연결하는 구체적 경로
액션 플랜: 목표 달성을 위한 실행 과제, 측정 가능한 계획, 필요한 자원 파악

최소한의 준비

독립언론사는 대개 소수 인원으로 출발한다. 한두 명이 취재·디자인·편집·데이터 정리·SNS 콘텐츠와 뉴스레터 제작·세금 및 공과금 납부까지 모두 맡게 된다는 말이다. 그중에서도 가장 빈번하게 요구되

는 역량은 기사 출판에 필요한 각종 툴 활용 능력이다.

　툴을 다룰 줄 모르면 단순한 작업에도 시간이 과도하게 소요된다. ChatGPT 같은 도구의 도움을 받을 수는 있지만, 기본적인 디자인 프로그램 활용 능력을 직접 갖추면 업무 시간이 크게 준다. 또한 데이터 분석에 필요한 기초 역량 역시 사전에 학습해두기를 권한다. 뉴스쿨 과정에서 배우기도 하지만, 자신이 쓰고자 하는 취재 분야에 어떤 데이터 분석 기술이 필요한지 미리 파악하고 연습할 필요가 있다.

03

인천경기 카르텔을 깨다

그때 우리는 독립언론을 꿈꿨다

우리의 5년, 10년 뒤를 상상할 만한 선배가 없었다. 시간이 지나 우리가 선배가 됐을 때 과연 후배들 앞에서 떳떳할까. 그리고 자본과 권력으로부터 자유로울 수 있을까. 지역 종합일간지, 특히 지방지 카르텔 속에서 기자 생활을 이어가던 우리의 속내였다. 조직은 신입기자가 숙련도를 쌓을 5년 정도의 기간도 기다려주지 않고 판촉 현장으로 내몰았다. 주니어 기자도 광고 협조 공문을 돌리고 신문사가 찍어낸 무의미한 책을 팔아야 했다. 신문 부수를 늘린다며 기자 이름을 쭉 나열해놓고 부수마다 벽돌을 쌓아 그래프를 만들었다. 폭력적인 판촉행사였다. 판매왕이 된 선배는 의기양양해졌다.

더 이상 '특종'이 중요하지 않았다. '특판'만이 살아남는 요지경이었다. 그래도 우리는 특종을 하겠다고 아등바등했다. 특종을 해서 상도 받았다. 그리고 광고도 하고 책도 팔아야 했다. 그런데 더 이상 눈 뜨고 못 볼 지경이 됐다. 신문사 사장이란 양반이 공모해 6억여 원을 횡령했다. 검찰에서 압수수색을 나왔다. 우리는 검찰을 막아서지도 못했다. 신문기사가 정부나 광역자치단체, 검경 수장의 폐부를 찔러서 나온 수색이 아니었다. 검찰 출입기자는 압수수색 시기도 파악 못했다며 꾸중을 들어야 했다. 우리는 부끄러웠다. 이런 사장의 구명 활동을 위해 탄원서 명부에 서명을 했다. 기자로서 자부심은 사라진 지 오래, 샐러리맨 이상도 이하도 아니었다.

사장은 구속은 피했다. 징역형에 집행유예를 받았다. 재판이 모두 끝난 뒤 우리는 시민들에게 제대로 된 사과를 하자고 했다. 간부들은 알겠다며 우리를 진정시켰다. 그렇게 나온 사과문은 애매했다. 휘황찬란하게 쓴 글로 시민을 현혹시키는 데 그쳤다. 신문 1면도 아니고 내지에, 그것도 광고면에 나갔다. 주요면도 아니어서 훑어보면 보이지도 않는 곳을 택했다. 사장은 그 어떤 징계도 받지 않았다. 상법과 회사 정관은 아무짝에도 쓸모없었다. 우리는 그만 부끄럽고 싶었다.

썩어빠진 호수에 우리는 조약돌을 던졌다. 뜻이 맞는 기자들이 몰래 움직였다. 노동조합 창립총회를 열고 지체 없이 노동청에 신고했다. 창립 선언문을 사내에 배포하자 사측은 놀라 자빠졌다. 사장과 편집국장을 신랄하게 비판했다. 두 사람은 화가 나서 조퇴해버렸다. 그렇게 사장 퇴진 운동과 편집국장 임명동의제 등을 부르짖었다. 이 싸움에 장장 4년이 갔다. 사장은 우리 덕분에 별 하나를 더 달았다. 우리가 1억여 원의 업무상 배임 혐의를 파악했다. 사법부는 이번에도 집행유예를 내렸고 사장은 자리를 지켰다.

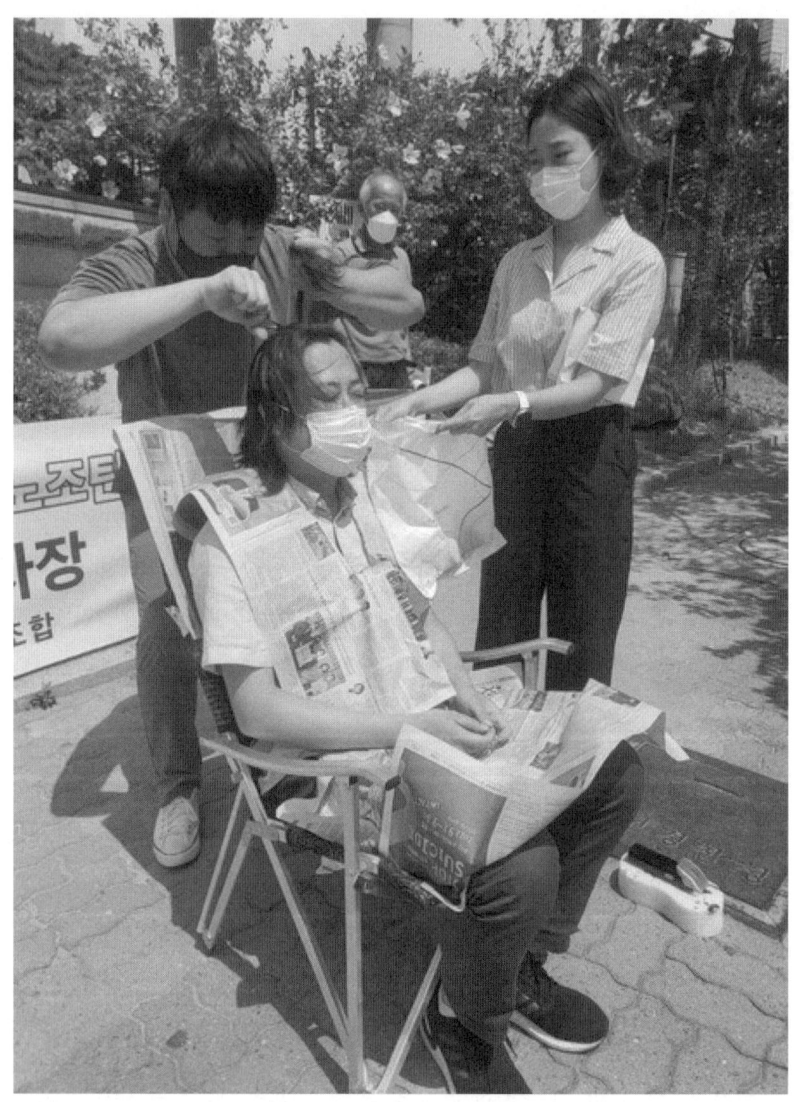

인천 법원 앞에서 삭발식을 하는 이창호(가운데), 홍봄(왼쪽) 기자, 2022. 8. 17.

사측은 충실하게 노조 탄압, 조직 와해 행위를 계속했다. 스무 명까지 늘던 조합원은 고작 5명만 남았다. 우리는 경찰 조사도 받아야 했다. 사장이 우리를 명예훼손으로 고발했다. 무혐의를 받았지만 치욕스러웠다. 사장과 사측은 우리를 악마화하고 회사 안팎으로 가짜뉴스를 퍼날랐다. 우리는 선배들이 일궈낸 신문사를 망가뜨리는 파렴치한이 됐다. 어용노조도 탄생했다. 우리를 직접적으로 물어뜯었다. 대자보를 붙이고 성명서를 내는 중에 우리는 더 큰 권력으로부터 사주받은 집단이 됐다. 힘을 받은 사측은 우리에게 펜을 빼앗았다. 사실상 출입처가 없는 문화부와 인구 2만여 명인 군郡 지역 취재 담당으로 발령을 냈다. 긍정의 힘으로 버텨왔지만 편집권이 사라진 점은 참을 수 없었다.

우리는 노동조합 신문인 '노보'를 발행했다. 종이로 찍어 사내에만 뿌리는 시대는 지났다고 생각해 정식 인터넷신문으로 등록했다. 노조와 사측만을 보도 대상으로 삼지 않았다. 정치인, 관료사회, 스포츠 등 다양하게 보도했다. 성역 없는 보도는 지역에서 처음이었기 때문에 반응은 가히 폭발적이었다. 우리는 '가재는 게 편'이라고 지금껏 쓰지 않던 언론인 비리를 폭로했다. 현직 구청장 두 명이 탐사보도로 공천에서 탈락했다. 현 서울 서초구청장인 전 인천시 행정부시장의 성추행 의혹 사건도 폭로해 반향을 일으켰다. 노보의 파장이 사측을 두렵게 했다. 사측은 노보 발행을 막으려고 애썼다. 우리는 멈추지 않았다. 그러자 사측은 '징계' 카드를 꺼내들었다.

위원장이던 이창호 기자가 징계를 받았다. 정직 4개월. 그래도 우리는 노조 활동을 계속했다. 노무사 수임료가 없어 송사를 직접 했다. 이 기자가 징계를 받자, 지역사회와 언론계 등에서 경제적 지원이 들어왔다. 응원한다며 이어진 후원금이 약 1천만 원에 달했다. 노보 독자들도 후원금을 보냈다. 이때 우리는 후원만으로 독립언론 운영이 가능하다고 어렴풋이 느꼈다. 이창호 기자는 긍정의 힘을 빌려 생각했다. 오롯이 노보에 힘을 쏟을 수 있겠다고.

이 기자는 택시운전사 자격증도 땄다. 노동의 가치를 느껴보고자 일주일간 택시기사로 일했다. 노동 강도는 어마어마했지만 손에 쥐는 돈은 많지 않았다. 현장 노동자의 고됨을 느꼈다. 택시 노동조합과 소통해 노동 운동을 배우기도 했다. 이렇게 정직 생활을 즐기던 이창호 기자에게 문자가 한 통 왔다. 선배이자 노조 후원자였다.

뉴스쿨과의 조우

'뉴스타파저널리즘스쿨' 모집 공고였다. 처음에 이창호 기자는 망설였다. 취업 준비생이 가야 하지 않을까. 공고를 유심히 보던 중 독립언론 창업이라는 문구를 보고 지원을 결심했고, 다행히 합격했다. 뉴스쿨 1단계에서 이창호 기자는 '스스로 가진 고정관념조차 깨야 한다'는 박중석 기자 강의를 듣고 뒤통수를 맞은 것 같았다. 이 기자는 그때부터 달라졌다. 취재로 쌓은 친분 관계 등 취재 편의주의를 끊기 시작했다. 이후 노보에 기사를 실으면서 한 취재원이 울면서 매달렸지만 끊어냈다. 뉴스쿨은 그동안 취재하면서 명확하지 않던 개념을 바로잡아줬다. 사람과 문서 추적, 재산 공개, 정보공개청구 등 새 지평을 열었다. 공부에 재미를 올리던 이창호 기자에게 지방노동위원회 심판기일이 잡혔다. 사측은 심판정에서도 오리발을 내밀었지만 노조가 승리했다. 이 기자의 징계가 부당하다는 판정이 내려졌다. 공교롭게 4개월의 정직 기간이 모두 지난 상태였다. 시간적 이익은 전혀 없었다.

이창호 기자는 돌아왔지만 여전히 문화부였다. 그토록 부르짖던 신문사 내 민주화, 편집권 독립도 이뤄지지 않았다. 의구심이 생겼다. 사장이 퇴진하면 사내 민주화가 이뤄질까. 이 회사에서 편집권 독립이 가능할까. 이 기자는 답을 찾지 못한 상태로 뉴스쿨을 수료했다.

뉴스타파저널리즘스쿨 1기 수료식

뉴스쿨 1단계를 수료한 이창호 기자는 고민에 빠졌다. 2단계인 펠로우 과정에 지원할 것인지, 그대로 근무할 것인지. 고민의 지점은 먹고 사는 문제였다. 다시 직장으로 돌아온 이 기자는 무료했다. 노보에 더 힘을 쏟을 수밖에 없었다. 이렇다 보니 독립언론에 대한 갈망은 더욱 커졌다. 이창호 기자는 노조 동지들에게 말을 꺼내기 시작했다. 홍봄 기자와 우제성 기자가 타깃이었다. 우 기자는 기성언론에 남고자 하는 마음이 컸다. 홍 기자는 솔깃한 듯 했으나 확신이 없었다. 그렇게 시간이 흘렀고 홍봄 기자는 '기자'라는 직업에 물음표가 생기기 시작했다. 사실상 취재 권한을 빼앗기고 노조 탄압이 극심한 상황에서 홍 기자의 물음표는 당연한 일이었다. 돌이켜보면 이 지점이 다행이었다.

이 시기 이창호 기자는 두 번째 징계를 받았다. 첫 번째 징계가 부당하다고 국가가 판정했음에도 같은 이유로 정직 2개월 처분이 내려졌다. 당연히 지방노동위원회에서 부당 징계 판정이 나올 줄 알았다. 그러나 기각됐고 중앙노동위원회까지 갔다. 지방 토호세력 영향이 있었는지 의문이 들었다. 중앙노동위원회는 우리를 저버리지 않았다. 지방노동위원회 판정을 뒤집고 부당 징계를 인정했다. 이 판정도 징계 기간을 모두 마친 뒤 나왔다. 이 기자는 두 번째 징계를 평온하게 받아들였다. 그리고 4년 동안 노조 활동을 하면서 이룬 것과 소회를 담은 책 집필에 들어갔다. 홍봄 기자는 기자 생활에 염증을 느끼고 제주로 한달살이를 떠났다. 제주의 홍 기자와, 우제성 기자가 참여해 <그래도 가보겠습니다> 집필을 잘 마쳤다.

이창호 기자가 징계 기간을 마치고 돌아올 때쯤 뉴스쿨 2기 모집 공고가 나왔다. 홍봄 기자도 제주에서 돌아왔지만 아직 답을 찾지 못할 때였다. 홍 기자는 이 기자의 제안도 있고 해서 뉴스쿨에 지원하기로 했다. 지원 이유를 묻는 원서 항목에 '뉴스쿨이 기자로 살아가는 의미를 찾고, 저널리즘의 가치를 되돌아보는 계기가 되었으면 한다'고 썼다. 합격한다면 그곳에서 길을 찾아보기로 정했다.

뉴스쿨에서 홍봄 기자는 살아있다는 기분을 느꼈다. 탐사저널리즘이 일간지 취재보다 훨씬 보람됐다. 3개월의 교육 기간을 마치기 전, 이미 독립언론사 창간의 길로 들어섰다. 홍 기자 수료식 한 달 전 인천경기탐사저널리즘센터 창립총회를 개최했다.

진짜 뉴스하다 출범

인천경기탐사저널리즘센터는 인터넷신문사 <뉴스하다>를 운영하는 주체(비영리법인격)다. 센터 운영 방식과 이름을 정하는 데, 우리는 한국탐사저널리즘센터-뉴스타파 구조를 많이 참고했다. 제호 '뉴스하다'는 제 기능을 발휘하지 못하는 지역 '뉴스'에 동사 '하다'를 붙여 만들었다. 초창기 센터 발기인인 시인 허민 님의 제안이었다. 척박한 지역언론 생태계에 다시 물줄기를 이어, 메마른 땅에 새로운 변화의 바람을 일으키겠다는 뜻이다. 제호와 관련해, 심인보 뉴스타파 선임기자가 "이전까지는 인천에서 진짜 뉴스를 못했다는 의미냐"고 물었다. 우리는 이렇게 답했다. "제대로 된 뉴스를 생산하고 기사를 작성하기가 참 어려운 조건입니다. 지역언론의 돈줄을 기관들이 쥐고 있어서 인데요. 특히 인천시청과 산하기관, 경제청과 관련 대기업이 최대 광고주입니다. 이렇다 보니 현장 기자들이 취재해도 기사가 광고로 바뀌는 경우도 있고요. 진실에 다가갈수록 취재가 막히는 경험을 많이 했습니다."

2023년 6월 1일 인천경기탐사저널리즘센터 창립총회를 열었다. 당시에는 단체명을 가칭 인천탐사보도지원센터라고 썼다.

우리는 창립총회 전 김용진 당시 뉴스타파 대표와 회의를 했다. 김 대표는 창간 후 '검찰 예산 검증 공동 취재단' 합류를 제안했다. 우리가 인천지검과 부천지청의 특수활동비, 업무추진비, 특정업무경비 등을 분석해 보도하면 좋겠다는 내용이었다. 제안을 흔쾌히 받아들였다. 그러나 공동 취재단에 합류하려면 창간일을 앞당겨야 했다. 우리 계획은 9월 창간이었다. 7월로 당겨야 공동 취재단 출범과 동시 합류할 수 있다는 게 김용진 대표 제안이었다. 이창호 기자 퇴사가 6월, 홍봄 기자가 7월이어서 빠듯했다. 이 기자는 6월 중순 퇴사하자마자 창간 아이템 취재를 시작했다. 홍 기자도 남은 연차를 모두 사용해 창간 전부터 취재를 했다. 결국 7월 17일 창간했다.

창간 첫 번째 프로젝트로 '인천시 홍보 예산 해부'를 선택했다. 단 한 번도 언론에서 다루지 않은 주제였다. 홍보 예산으로 인천시가 지역언론을 어떻게 '애완견랩독·lapdog'으로 만드는지 보도했다. 인천 지역 언론사별 광고비를 처음으로 공개했다. 3년치 공개는 데이터저널리즘을 활용했다. 특히 유정복 인천시장이 측근인 언론인에게 어떻게 홍보 예산을 나눠주는지 보도했다. 인천시는 보도 이후 잘못을 인정하고 해당 언론인에게 홍보 예산을 주지 않기로 결정했다. 첫 보도의 반향은 매우 컸다.

우리를 아는 기자들이 전화를 걸어와 "놀랐다, 00일보가 그렇게 돈을 많이 받아가는지 몰랐다" 등 다양한 의견을 쏟았다. 인천시 대변인실로 불만을 제기하는 신문기자와 광고 직원도 있었다. '왜 우리 회사보다 저 회사에 돈을 더 많이 주느냐? 이제 우리도 그만큼 줘라' 등

불만을 토로했다고 들었다. 홍보 예산을 취재하면서 여러 번 들은 말이 '같은 언론끼리 이러면 안 된다', '상도가 아니다' 등이었다. "기자가 기자를 취재하는 법이 어디 있냐"는 건데, 그만큼 지역언론과 언론인이 감시와 견제를 받지 않았다는 말이다. 기자 경력이나 출신 매체를 물으면서 압박을 하려는 시도도 있었다. 자칭 언론계 선배라는 사람들이 "뉴스하다도 광고를 받아야 하는데 이러면 안 되지 않냐"고 회유하기도 했다. 기사가 나간 후 반응도 갈렸다. 각계 시민들은 응원을 보내왔는데 당사자인 언론은 침묵했다. 이 창간 기사는 최근 이재명 대통령이 정부, 공공기관 광고비 지급과 관련해 개선 방안을 마련하자고 언급하면서 다시 한 번 주목을 받고 있다.

검찰 예산 공동 취재단

우리는 인천시 광고비 추가 보도를 진행하는 동시에, 검찰 특활비 등 예산 검증 자료를 받아왔다. 아침부터 저녁 늦게까지 업무를 계속했다. 인천지검과 부천지청에서 2017년부터 2023년까지 1차로 받은 자료가 약 8천 장, 2차 자료를 더하면 약 1만 2천 장이었다. 자료를 꼼꼼하게 보기 위해 스캔부터 맡겼다. 분량도 많은 데다 장비가 없어 인쇄소까지 갔다. 일부만 스캔을 했는데도 20만 원가량이 나왔다. 후원금이나 운영비가 없을 때라 제작진 두 명이 사비를 갹출했다. 먼저 전자파일로 자료를 보고, 이후 종이문서로 다시 살펴봤다. 전자파일을 살피면서 엑셀에 각 자료별 특이점을 자세히 적었다.

검찰이 해놓은 특활비 먹칠과 업무추진비 가림막을 뚫고 보도했다. 나흘간 4건의 기사를 보도하자 인천, 부천 검찰은 예민해졌다. 사실 서류를 받아갈 때부터 조금 사나웠지만, 두렵지는 않았다. 처음 서류를 받을 때 검찰 관계자는 '우리가 다 먹칠했는데 너희가 뭘 얼마나 알아내겠냐'라는 말투와 표정이었다. 그런데 인천, 부천에서 처음으로 검찰 예산을 검증한 비판 기사가 나가자, 검찰은 우리를 매우 경계하기 시작했다. 기성 카르텔을 형성한 지역 검찰 기자단도 주목했다. 응원한다는 연락이 왔다. 안타까운 점은 서울에 있는 기자들은 받아썼지만 인천 기자들은 그렇지 않았다는 것이다. 계속해서 우리는 먹칠 속 글자를 하나하나 형광등에 대조하는 작업을 했다. 가려진 글자 대부분은 '수사'나 '정보수집'이었다.

그러던 중 홍봄 기자가 '유레카'를 외쳤다. 끝내 검찰의 안일함이 먹칠 뒤로 드러났다. 홍 기자가 사상 최초로 특활비를 기밀수사 용도가 아닌 곳에 쓴 증거를 발견한 것이다. 두 곳의 용도란에서 '국정감사 우수' 검사와 직원 격려금을 찾았다. 이 보도는 뉴스타파와 동시 송출했고 처음 나온 사례여서 국회에서 회자됐다. 당시 한동훈 법무부장관이 기밀수사 외 전혀 사용하지 않는다고 우기던 차여서, 민주당 의원들은 우리가 찾은 자료를 국회에 들고 나가 지적했다. 홍봄 기자는 증거를 발견한 날을 이렇게 회상했다.

"당시에는 매일 출근해서 퇴근할 때까지 하는 일이 먹칠한 영수증 들여다보는 거였으니까 좀 지치기도 했어요. 그렇다고 일부만 확인할 수 없는 게 언제 어디서 실마리가 나올지 모르거든요. 한동안 스캔

자료를 보다가 원점으로 돌아가서 종이 자료를 보면서 문제의 영수증을 찾았어요.

그냥 보면 글자가 안 보이는데 불빛에 비추니까 '국정감사 우수검사 격려'라는 글자가 보이더라고요. 먹칠도 사람이 하는 일이니 실수가 있었던 거죠. 안타깝게도 이 보도가 나간 뒤 수령한 영수증은 먹칠이 이중 삼중으로 되어 내용 확인이 더 어려워졌어요."

인천검찰청에서 뉴스하다 제작진이 검찰 예산 서류를 검토하고 있다. 2024. 4. 16.

전자파일과 종이 자료 검증이 신물이 날 쯤, 우리는 현장으로 나갔다. 검사들이 사먹던 비싼 음식을 사먹어 보기로 했다. 열악한 재정 속 무모한 도전이었다. 검사들은 고급 한우나 횟집, 한정식 등 코스요리 같은 걸 파는 식당을 다닌다. 취재비를 후원금으로 충당하는 신생 독립언론이다 보니 비용이 고민이었다. 그래서 절충안을 찾은 게 비교적 저렴한 점심 한정 메뉴를 이용하는 거였다. 역시나 답은 현장에 있었다. 검찰 회식 장소이던 고급 생고깃집에 영수증을 들고 갔다. 꽤 비싼 음식을 먹은 뒤 점주에게 정중히 검찰 영수증 재발급이 가능한지 물었다. 다행히 기록이 남아있어 재발급이 가능했다. 71만 3천 원짜리 영수증을 감추기 위해 48만 원과 23만 3천 원짜리 영수증으로 두 개를 쪼갰다. 50만 원이 넘으면 참석자 명단을 제출해야 하기 때문이다. 우리는 이 사실을 파악하고 신이 났다. '이래서 먹칠을 했구나' 싶었다. 소맥 파티를 해놓고 고기랑 장아찌만 먹었다고 영수증을 재발행받았다. 검찰은 이날 회식에서 소주와 맥주를 49병 마셨다. 이 보도도 뉴스타파와 동시 송출했다. 검찰은 이에 얼토당토 않는 해명을 내놓았다. 보도 이후 뉴스타파는 전국 검찰 맛집을 돌아다니며 우리와 같은 방식으로 취재와 보도를 했다. 이로 인해 더 많은 검찰 예산 사용 매뉴얼 위반 사례가 터져나왔다. 검찰 특활비와 업무추진비 관련 이슈는 전국적인 화제가 됐고, 연말연시 우리는 4관왕을 차지했다.

처음 영수증을 입수한 식당은 사장님이 굉장히 협조적이었다. 공익 성격이라 생각하고 도와주신 것 같다. 정말 감사했다. 한편 검찰로부터 피해를 입지 않을까 걱정되기도 했다.

검찰 예산 검증 기사는 2023년 9월 11일부터 2024년 2월 28일까지 집중 보도했다. 총 30건의 기사를 발행했다. 공동 취재단이 한국기자상을 받는 영예를 안았다. 기자협회 가입사가 아니라고 우리와 뉴스민을 수상자에서 제외한 게 아쉽지만 함께 축하한 것으로 만족한다. 이후에도 검찰 예산 검증 보도를 이어갔다. 특히 내란의 밤을 겪고 심우정 전 검찰총장, 이완규 전 법제처장 등 윤석열 지인을 재조명했다.

공동 취재단 활동은 기존에 인천지검 출입할 때와 취재 방식이 많이 달랐다. 우리가 인천지검을 출입할 때는 1~2차장검사가 티타임이라는 걸 정기적으로 했다. 이때 흘러나오는 정보로 취재를 시작하는 방식이 다수였다. 또는 이른바 '외곽 취재'라고 불리는 고소·고발장, 진정서 등을 들고 오는 변호사나 제보자 등을 통해 검찰 수사 내용을 파악했다. 이조차 검찰에서 확인해주지 않으면 보도를 꺼려하는 데스크도 있었다. 이미 접수된 사건 내용을 다시 검찰 확인을 받아 보도하는 폐쇄적인 취재 방식이다.

공동 취재단의 검찰 예산 검증 프로젝트는 인천지검과 부천지청에 직접 정보공개청구를 해서 자료를 수령하고 분석하는 능동적 취재였다. 또 우리가 분석한 뒤 문제점, 의문점 등을 검찰에 따져묻는 형태로, 예전 취재 방식과는 주객이 전도된 셈이다. 그래서 문제점을 파악했을 때 더욱 짜릿했다. 공동 취재단 협업으로 수백 건의 기사를 쏟아냈고 변화를 이끌었다. 우리가 지역언론사에 몸담았을 때 상상하기 어려운 결과물이다. 공동 취재단의 검찰 예산 검증 프로젝트 협업을 우리는 이렇게 떠올렸다.

지역언론은 카르텔을 이루고 있지만 한편으로 경쟁사라는 개념으로 서로 무엇을 취재하는지 감추기 바쁩니다. 당연히 취재 내용을 공유하고 함께 보도하자는 제안은 있을 수 없습니다. 기자들이 단독 경쟁을 신경 쓸 수밖에 없는 이유가, 회사 출근하면 테이블에 소위 말하는 경쟁사 신문과 자사 신문이 쭉 깔려있어요. 편집국장이나 부장이 그걸 보고 타사가 쓴 기사를 놓쳤다든가, 기사 경쟁에서 밀렸다든가 하면 기자들에게 더 센 기사를 요구하는 거죠. 출입처 기자실에 앉아있으면 타사 선배기자가 와서 오늘 뭐 쓰나, 은근히 물어보기도 하고. 후배들은 들키기 싫으니까 또 숨어서 취재하고. 그렇다 보니 공통 사안에 대해 동료끼리 발전적인 방안을 논의하거나 의견을 나눠본 기억이 많이 없어요.

"인천의 뉴스타파 되겠다" 독립언론 <뉴스하다>의 분투기, 뉴스타파, 2024. 1. 26.

바늘도둑 잡기

우리는 '바늘도둑' 잡는 데도 진심이다. 지역사회에서 바늘도둑 하던 사람들이 국회의원도 되고, 시도지사도, 대통령도 되기 때문이다. 바늘이 소가 되면, 소도둑이 되는 것. 수십~수천만 원 손대던 도둑이 수억~수천억 원에 손을 대면 시민들의 삶은 더욱 팍팍해진다. 뉴스하다는 '의원님 이게 뭡니까' 프로젝트를 통해 바늘도둑을 잡고 있다. 군구의원, 광역시의원이 주요 출연자다. 말이 바늘도둑이지 해먹는 법은 신박하다.

불교 신자인 허식 인천시의회 의장은 도서 구입비로 불경 쇼핑을 했다. 고급 일식당에서 3일 동안 약 200만 원어치 쪼개기 결제도 서슴지 않았다. 남동구의회 황규진·이유경 의원은 배우자와 부모 식당에서 직원들과 식사하고 결제는 법인카드로 했다. 금액은 약 1천7백만 원이었다. 자기 아들 차량을 구청에 무료 주차 차량으로 등록해 주차비 약 215만 원을 편취한 전경애 미추홀구의회 의장은 약과다. 인천시 공식 유튜브 채널에 자신의 부모 식당을 홍보하게 만든 김용희 인천시의원, 이 식당에서 약 40만 원 어치 외상으로 밥을 먹은 김재동 인천시의원도 비판했다. 시민을 학벌로 비하한 이단비 인천시의원이 의원 연구단체 예산 1071만 원을 자신의 성균관대 동문과 교수에게 퍼준 사실도 보도했다. 뉴스하다 보도 이후, 비하당하던 시민이 이 의원을 국민권익위원회에 신고했다. 이단비 의원이 선결제 등을 위해 문서를 조작한 정황이 나왔다. 신충식·조현영 인천시의원이 미인증 교복 업체에게 납품을 주려고 인천시 교육청 업무에 개입한 사실도 밝혀 보도했다.

뉴스하다의 '의원님 이게 뭡니까' 프로젝트 보도로 황규진·이유경 의원은 징계를 받았다. 법원에서 재판(과태료 처분)도 받았다. 김용희 의원은 국민권익위에 신고돼 조사 중이다.

검찰 예산 검증 공동 취재단은 시민단체가 함께해서 더 주목받았다. 그런데 인천에는 마땅한 시민단체가 없다. 진보와 보수 중 어느 정권이 들어오느냐에 따라 궤를 같이할 뿐이다. 황규진 남동구의원은 세금 수백만 원을 자기 집에 결제한 것과 다름없다. 배우자는 경제공동체다. 그런데 징계는 경고와 사과에 그쳤다. 이단비 인천시의원은 시민 비하뿐 아니라, 세금으로 동문들 용돈을 챙겨주고 선결제했음에도 수사조차 없다. 징계는 경고뿐이다. 시민단체가 고발했다면 형사처벌이라도 받았을 텐데 안타깝다.

신충식·조현영 인천시의원은 전자 칠판 업체들로부터 뇌물을 받아 구속된 상태였다. 이 상태에서 학생들에게 저질 교복을 납품하도록 종용했지만 조현영 의원은 오히려 석방되는 이상한 일이 벌어졌다.

지역 정치인 비리를 보도해도 처벌까지 이뤄지지 않는 점이 조금 아쉽다. 인천 내 시민단체 활동이 너무 미미하다. 새로운 시민단체가 탄생하길 바란다.

KINN 일원으로

뉴스타파함께재단 프로젝트 기획안 공모에 선정돼 진행한 '두 개의 동상: 조봉암과 이승만' 연재를 잊을 수 없다. 일곱 번의 본연재와 네 차례 파생 기사를 보도했다. 독립운동가 조봉암 선생의 발자취를 돌아볼 수 있는 좋은 기회였다.

이승만이 조봉암 선생을 사법 살인하는 길을 따라가면서 몰랐던 사실을 배웠고, 독자에게 전달했다. 특히 인천에서 성역으로 여겨진 지용택 새얼문화재단 이사장과 그 재단의 불법을 파헤쳤다. 지 이사장인지 재단 쪽인지, 누군가를 통해 우리는 조심하라는 문자메시지를 받기도 했다.

재단은 조봉암 동상을 만든다고 모금한 9억 원을 15년간 계좌에

넣어놓고, 동상 건립은 단 한 발자국도 떼지 않고 있다. 그리고 우리는 인천에서 이승만을 추종하는 사람들을 추적해 세상에 알렸다. 인하대학교를 중심으로 한 이 카르텔은 언론계, 학계, 정치계에도 숨어 있었다. 이 부분에서 뉴스타파가 '리박스쿨'을 보도했을 때 우리는 대선 보도로 인해 일이 밀려, 기민하게 움직여 협업하지 못한 점이 아쉬움으로 남는다.

'두 개의 동상: 조봉암과 이승만' 프로젝트 대표 이미지

이 프로젝트 취재로 우리는 이승만에 대해 이승만 추종자들보다 더 많은 걸 알았다. 그리고 윤석열이 비상계엄을 터뜨리자, 비로소 그 행위가 이승만과 같다는 걸 알게 됐다. 대통령 부인이 대통령을 쥐락펴락하고, 친일과 반공을 내세우는 게 둘은 똑 닮았다. 조봉암 선생

사법 살인과 이재명 대표에 대한 정치 보복이 같았다. 서울서부지법을 폭도들이 때려 부순 일과 같은 행위가 이승만 때도 있었다. 기사를 네 차례 쓰고 나니 윤석열이 이승만을 모방했다는 점이 분명해졌다.

내란 수사를 기록하다

2024년 12월 3일, 대한민국의 민주주의가 짓밟힌 내란의 밤 우리는 인천에 주목했다. 윤석열이 비상계엄을 선포하고, 국회가 계엄해제 요구안을 의결하기까지 모든 관심이 서울로 쏠려있을 때다. 지역에 기반을 둔 탐사보도 매체가 해야 할 일은 가까운 데 있었다.

취재 결과 그날 밤 인천시 부평구에 있는 17사단이 전기 등 국가 기간산업과 언론 통제를 시도하려 한 정황이 나왔다. 인천시청 당직실에 전화를 걸어 한국전력 등 국가 기간산업에 관해 물은 것이다. 군인들은 국민의 안전과 관련된 기관의 비상연락체계를 원했다.

우리는 17사단이 한전 등 기간산업을 장악하려 한 행위가 전략적으로 국민 실생활을 통제하기 위해서였는지 진실 규명을 해야 한다고 보도했다. 보도 이후 내란 수사가 본격화되면서 윤석열이 일부 언론사를 단전·단수하라고 지시한 상황이 드러났다. 기간산업을 장악과 통제의 수단으로 사용하려 했음이 밝혀진 것이다.

비슷한 시각 17사단이 언론 관련 정보를 확보하려 한 사실도 취재 과정에서 드러났다. 17사단은 인천시 공보담당관실에 연락해 홍보라인 연락처를 확인했다. 12.3 비상계엄 포고령(1호)을 보면 '모든 언론과 출판은 계엄사의 통제를 받는다'고 돼있다. 포고령에 따라 17사단이 계엄사령부로부터 언론 통제 지시를 받았을 가능성이 높다고 판단해 보도했다.

비상계엄 당일 인천시가 청사를 폐쇄했다는 기사는 비상계엄 이후 빠르게 취재에 나선 덕분에 쓸 수 있었다. 인천시는 12월 3일 밤 11시 20분께 청사를 폐쇄한다는 문자를 기자들에게 보냈지만, 곧 말을 바꿔 사실상 폐쇄가 아니었다고 주장했다. 청사 폐쇄 여부가 유정복 시장의 내란 동조 여부 쟁점이 되기 전, 우리는 당직자들에게 행정안전부 지시와 청사 폐쇄가 있었다는 증언을 확보했다.

비상계엄 직후 검찰의 '비상계엄 특별수사본부'와 국가수사본부(경찰)의 특별수사본부, 고위공직자범죄수사처는 다발적으로 수사에 나섰다. 수사 기관 간 불필요한 세 다툼이 수사 빈틈으로 이어질 우려가 컸다.

내란 수사의 빈틈을 감시하기 위해 한국독립언론네트워크[KINN]가 협업을 결정했다. 뉴스하다와 뉴스민, 뉴스타파함께재단이 윤석열 내란 수사 기록 특별 페이지 운영에 참여했다. 비상계엄 선포 당일부터 2025년 3월 초까지 3개월 동안 세 기관에서 진행되는 수사를 꼼꼼하게 기록해 공개했다.

내란 가담자가 많다보니 하루에도 몇 건씩 조사와 체포, 압수수색 등이 이뤄졌다. 특별 페이지 운영에 참여한 회원사들이 당번을 정해 매일 상황을 살피고 기록했다. 일상적인 취재를 하면서 시시각각 상황을 업데이트하려니 힘에 부치는 날도 있었다. '함께'가 아니었다면 어려운 일이었다.

한국기자협회보가 이 협업에 관심을 보였고 기사로 작성했다. 기자협회보는 내란 수사 기록 특별 페이지에 대해 '이는 각 수사기관의 개별 동향을 따로 보도하던 기존 방식에서 벗어나 수사의 전체 그림을 조망할 수 있다는 점에서 의미가 크다'고 소개했다. 또 뉴스타파 콘텐츠평가위원회도 특별 페이지를 높이 평가했다.

KINN 협업으로 만든 내란 수사 기록 특별 페이지 썸네일

선거 기간, 물 만나다

기성언론에서 일할 때 '지역언론의 꽃은 지방선거'라는 말을 자주 들었다. 독립언론을 창간하고 나서도 이 말은 유효하게 느껴진다. 권력 감시를 뿌리 삼은 뉴스하다는 선거 기간 가장 분주했다. 창간 후 2024년 총선과 2025년 대선 두 차례 선거를 치렀다. 꽃으로 불리는 지방선거가 아님에도 지역에서 검증해야 할 사안이 차고 넘쳤다. 지역 국회의원이나 정치인의 재산, 과거 행적 등 데이터를 모으고 들여다보면서 기사를 준비했다.

총선 때는 '국회의원 그래도 뽑아야죠' 프로젝트로 12건의 탐사보도물을 제작했다. 유동수 계양갑 후보 배우자의 농지 투기 의혹과 유제홍 부평갑 후보의 업무상 배임 의혹, 이행숙 서구병 후보의 업무추진비 부정 사용, 홍영표 부평갑 후보 일가의 친일 재산 가처분 땅 상속 등을 보도했다. 투표일 직전에는 박찬대 연수갑 후보의 전 보좌관과 청년위원장 간 돈거래 내역을 최초 공개했다. 정승연 연수갑 후보가 쓴 논문을 분석해 한일 FTA 당시 일본 입장을 옹호했다는 의혹도 검증했다.

가장 주목을 받은 기사는 인천에 정착한다던 원희룡 계양을 후보가 1년짜리 아파트 단기 계약을 했다는 보도였다. 원 후보는 계양에 뿌리내리겠다고 해놓고, 당초 3개월 월세 계약을 하려한 것을 취재로 밝혔다. 이 보도가 더욱 의미 있는 이유는 선거 1년 뒤까지 후속 취재와 보도를 이어갔다는 점 때문이다. 우리는 총선 이후에도 다섯 차례

원 후보 집을 찾아 거주 여부를 취재했다. 그 결과 2025년 7월 11일 원 전 장관이 선거를 치르기 위해 위장전입했다는 의혹을 보도할 수 있었다. 원희룡 전 국토부장관의 계양구 자택 수도 사용량은 총선이 끝난 2024년 5월부터 그해 12월까지 0t이었다. 그는 월세 계약이 만료되자마자 이사했다.

윤석열의 비상계엄으로 조기에 치른 대선에서도 후보 검증과 감시를 이어갔다. 한국독립언론네트워크[KINN]와 뉴스타파가 함께하는 대선 팩트체크팀에 들어가 유정복 인천시장의 거짓말을 밝히는 보도를 했다. 김문수 국민의힘 후보가 민주노총과 전교조를 만들었다는 주장도 조목조목 따져 거짓으로 밝혔다. 김 후보의 거짓말 보도가 나간 나흘 뒤 그와 노동운동을 함께했던 노동운동가가 국회에 모였다. 동지들이 기억하는 김 후보의 모습을 자세히 듣고자 뉴스다하는 '70년대 민주노동운동 동지회'와 인터뷰를 진행했다. 노동운동가들의 생생한 증언을 글 기사와 영상에 담을 수 있다는 사실에 큰 보람을 느꼈다. 이 보도는 선거 직전까지 회자되며 반향을 일으켰다.

선거철에는 독립언론을 하면서 내심 아쉬웠던 '기사 파급력' 문제도 어느 정도 해소됐다. '인천대공원서 폐지된 한덕수 배우자 최아영 씨 일가 땅 특혜 의혹'을 보도한 기사로 진실 규명을 요구하는 기자회견이 열렸다. '김문수 국민의힘 대선 예비후보 선거법 위반 정황 포착' 보도는 민주당의 경찰 고발로 이어졌다.

당당해서 좋다

뉴스하다는 창간과 함께 '권력과 자본의 간섭 없이 진실만을 보도하기 위해 광고나 협찬 없이 오직 회원들의 후원으로만 제작하겠다'고 약속했다. 창간 1주년이던 2024년 기준 뉴스하다 수입의 92%는 시민들이 낸 후원금이었다. 함께재단 공모전 지원금을 제외하고 모든 운영비를 후원금으로 충당했다. 약속대로 광고나 협찬은 받지 않았다.

후원은 예상보다 더디게 늘었다. 1년가량 운영한 시점인 2024년 6월 정기회원은 170명, 매달 들어오는 후원금은 230만 원 정도였다. 사무실 월세를 내고 취재비로 쓰기에 빠듯했다. 우리는 창간을 하면서 급여를 지급할 정도로 재정이 안정될 때까지는 무급으로 일하기로 했다. 수중에 퇴직금이 있었기에 초창기를 버텼지만 지속가능한 방식은 아니었다. 안정적으로 기사를 쓸 수 있는 기반을 만들기 위해 창간 1주년 후원회원 모집 캠페인을 기획했다. 캠페인 준비 과정부터 함께재단과 협업했다.

'뉴스하다 1년, 아직 못 쓴 기사가 많습니다' 라는 제목으로 특별 페이지를 제작하고, 대대적인 SNS 홍보를 진행했다. 무급으로 일하는 신생 독립언론의 활약상이 전해진 것인지 캠페인은 조기에 목표치를 넘어섰다. 170명이던 후원회원이 캠페인 보름 만에 470명을 넘었다. 함께재단과 뉴스타파 구성원이 홍보에 큰 힘을 보태줬다.

전국에서 쏟아지는 응원을 받으며 캠페인 목표를 800명으로 올렸다. 당시 뉴스하다는 자체적으로 영상 보도물을 제작할 여력이 없었다. 후원회원 800명이 되면 영상 제작을 할 인력을 채용할 수 있었다. 2주가량 홍보를 이어갔지만 뒷심이 부족했다. 캠페인은 정기후원회원 476명으로 마감했다.

뉴스하다 창간 1주년을 맞아 진행한 후원회원 모집 캠페인 홍보물

후원자를 모집하고 캠페인을 진행하며 느낀점은 후원이 기대만큼 꾸준히 늘지 않는다는 것이다. 특정 기사나 캠페인 등을 계기로 회원이 크게 늘어나는 짧은 기간을 제외하면 오히려 줄어드는 달이 더 많을 정도다. 지금도 재정이 안정적이라고 결코 말할 수 없다. 후원을 주 재원으로 언론사를 운영하기는 어려운 일이다. 그럼에도 지속할 수 있는 원동력은 큰 효능감이다.

언론사의 주요 돈줄인 공기관의 정부 광고를 받지 않으니 행정 부조리를 취재하거나 기관장 비리를 파헤칠 때 거리낄 것이 없었다. 기업을 취재할 때도 기사와 광고를 '엿 바꿔 먹을 여지'가 없으니 거침없는 취재가 가능했다. 광고와 협찬을 받는 언론사에 몸담았을 때는 불가능한 일이었다. 언론사 광고비를 취재할 때도 당당했다. 언론사에 세금이 불합리하게 집행되는 점을 지적했을 때 '뉴스하다는 광고 안 받냐'는 물음이 돌아오곤 했다. 언론 산업의 생리를 잘 아는 입장끼리 이러지 말자는 회유이자 협박이었다. 우리는 광고를 받지 않고, 앞으로도 받지 않을 것이라는 말로 일축할 수 있어 감사했다.

시민들의 후원금은 운영에 필요한 재원을 넘어 독립언론의 든든한 뒷배다. 존립을 지지하고 기사 가치를 알아봐주는 이들의 자발적인 후원으로 지탱한다는 사실만으로 힘이 난다. 독립언론사에서 기자는 후원자라는 지원군을 안고 함께 일한다.

창간 2년이 됐지만 후원자 모집과 관리는 여전히 어려운 영역이다. 기사를 열심히 쓰는 것 이외에도 방법이 있을 텐데 찾는 일부터 쉽지가 않다. 이 부분에서 앞으로 독립매체 간 경험이나 조언을 공유할 기회가 더 많아졌으면 한다.

뉴스하다는 후원회원과 직접 만나는 기회를 만들어 소통하고자 했다. 2023년 창립총회와 2025년 1월 정기총회를 열어 회원을 초대했다. 그동안 뉴스하다 활동을 소개하고 회원들이 바라는 점을 듣는 자리였다. 2025년 1월 총회는 북콘서트를 겸했다. 우리는 설립 2년 차에 뉴스하다 보도물에 담지 못한 이야기, 취재 후기, B컷 등을 독자에게 전하고자 '하다출판'을 설립했다. 뜻이 통하는 작가들의 작품을 펴내고, 수익 구조를 다양화한다는 목적도 있다. 북콘서트에서는 하다출판의 첫 출판물인 소설 <미필적 고의>를 다뤘다. 이창호 기자가 10년간 한 신문사에서 벌어진 비리 행위를 소설로 구현했다. 행사에 참여하지 못한 후원회원에게는 감사의 마음을 담아 우편으로 책을 보냈다. 책과 머그컵 등 뉴스하다 굿즈는 온라인 스토어에서도 판매한다. 창간 2년 차인 현재, 운영에 도움이 될 만큼 판매가 이뤄지지는 않는다.

비대면으로는 SNS와 뉴스레터로 후원회원, 독자와 소통한다. 창간 1년 차에는 한 달 동안 보도한 기사를 모아 회원들에게 문자로 보내기도 했다. 잦은 문자는 오히려 가독성이 떨어질 수도 있다는 조언을 듣고 월말에 발송하는 뉴스레터로 갈음했다. 뉴스레터는 한 달 동안 보도한 내용을 갈무리해 월말에 보내고 있다.

2025년 6월, 2주년을 앞두고 유튜브 라이브 방송을 시작했다. 정기적인 콘텐츠를 생산하면서 독자와 소통하기 위해서다. 시험방송 시기에 구독자 1만 명을 달성해 라이브를 정례화했다. 라이브를 하면서 후원자와 독자 애칭도 생겼다. 공모 이벤트를 통해 '뉴윗'이 최종 선정 됐다. 뉴스+위트니스 라는 의미로, 위트니스는 목격자, 증인, 사건의 진실을 밝히는 데 중요한 역할을 하는 사람을 뜻한다. 여기에다 뉴스하다와 함께하는 독자라는 의미의 뉴스하다 위드를 더해 '뉴윗'이라는 애칭을 사용하기로 했다.

인천시의 집요한 방해

독립언론사를 창간하면서 예상치 못한 난관이 있었다. 그중 하나가 비영리민간단체 등록이다. 비영리민간단체는 지자체에서 등록 서류를 검토하는 기간이 20일 걸린다. 우리는 이 기간을 감안해 인터넷신문사 등록을 하기 전에 비영리민간단체 등록 서류부터 인천시에 냈다. 처리 기간을 반복 연장해도 60일 이내에는 등록이 끝날 줄 알았는데, 오산이었다. 인천시는 온갖 이유를 들어 처리를 미루기 시작했다. 서류를 낸 시점이 2023년 6월이었는데 7월 중순께 인사이동을 핑계로 재검토하겠다고 했다. 공교롭게도 뉴스하다의 인천시 홍보 예산 해부 프로젝트를 막 시작한 시기였다. 새로 온 주무관은 두 달이 넘도록 서류만 검토하다가 법에도 없는 정회원 날인을 받아오라고 했다. 우리는 유정복 인천시장 측근 특혜 관련 보도를 이어가고 있었다. 단체 등록은 해를 넘겼다.

그 사이 인천시는 말이 안 되는 행정을 자행했다. 담당 공무원이 뉴스하다 사무실에 연락도 없이 찾아온 것이다. 현장 실사가 목적이었다고 하지만 사전 통지 없이 불쑥 방문한 일은 상상 밖이었다. 사무실에서 검찰 특수활동비 서류를 검토하던 중 들이닥친 공무원을 마주하고 당황했던 기억이 난다. 우리는 담당자가 무단으로 사유지를 침범했다고 항의했고 사과를 받았다.

불시검문을 방불케하는 불시방문으로 의심은 확신이 됐다. 어떤 핑계를 대어서든 단체 등록을 해주기 싫구나. 기대와 달리 사무실을 멀쩡하게 운영하는 모습을 본 뒤로도 딴지는 계속됐다. 정회원에게 전화를 돌려 회원이 맞는지 확인했고 명부 수정을 요청했다. 항의를 해가면서도 요구 조건을 모두 맞췄지만 또 담당 주무관이 바뀌었다.

하나의 지적사항을 충족하고 나면 이전에는 문제 삼지 않던 사항을 꺼내드는 식의 행태가 반복됐다. 결국 끝에 가서는 '단체가 활동한 지 1년이 되지 않았기 때문에 등록이 불가하다'는 이야기까지 나왔다. 서류를 접수하고 담당자가 두 번 바뀔 때까지 들어본 적도 없는 지적이었다. 뉴스하다 제작진은 창간 이전에도 언론 민주화를 위한 활동을 해왔기 때문에 증빙서류를 내는 데 무리가 없었다. 행정청에서도 처음에는 실적을 인정했다가 마지막에 가서 제동을 걸었다.

그 즈음 되어서는 단체 등록을 서두르자는 마음을 비웠다. 인천경기탐사저널리즘센터 창립총회를 연 뒤로 1년을 꽉 채워 다시 서류를 냈다. 바뀐 담당자는 전임자가 했던 사무실 현장 실사와 정회원에게 연락돌리는 절차를 반복했다. 말도 안 되는 시비로 여러 차례 실랑이를 벌인 끝에 2024년 7월 30일 비영리민간단체 등록증이 나왔다.

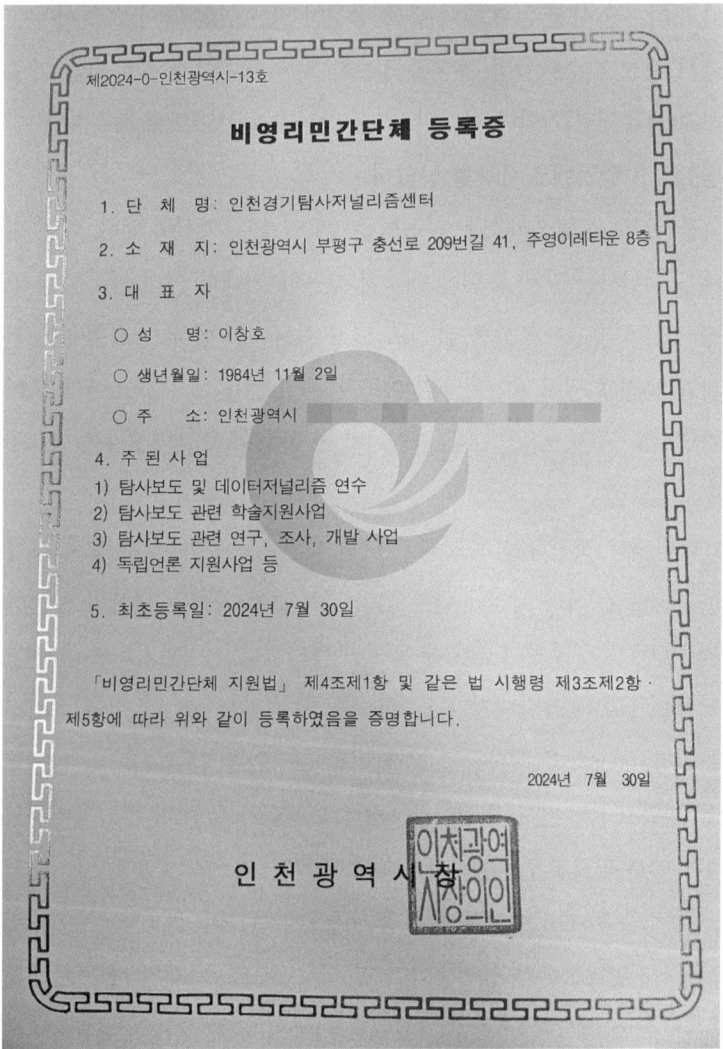

천신만고 끝에 받은 비영리민간단체 등록증

처음 단체 등록 서류를 제출하고 등록을 완료하기까지 13개월가량이 걸렸다. 그 동안 여러 정회원과 후원자께서 걱정어린 말씀을 주셨다. '정회원이 맞냐'는 전화를 인천시에서 받고는 큰일이 난 줄 알고 연락을 주신 분이 많았다. 이 문제로 골머리를 앓고 있을 때 뉴스타파 스튜디오 방송에 출연해서 겪은 일을 이야기한 적이 있다. 방송이 나간 다음 언론탄압을 하는 인천시에 항의 전화를 하겠다며 화를 내시던 후원자가 기억난다.

우리는 2024년 8월 7일 인하대학교 교정 내 이승만 동상 터에서 단체 등록 소식을 알렸다. 함께재단 탐사보도 기획안 공모전 '두 개의 동상: 조봉암과 이승만' 취재 현장이었다. SNS에 사진과 함께 이런 글을 썼다.

인천경기탐사저널리즘센터 뉴스하다가 비영리민간단체(법인으로 보는 단체)가 됐습니다!
비영리단체는 공익활동 수행을 주 목적으로 하는 단체입니다. 뉴스하다는 공공성을 높이기 위해 출범부터 비영리단체로 운영 형태를 정했어요. 1년간 노력 끝에 단체 등록을 완료했습니다. 앞으로도 공익을 위해 나아가는 센터와 뉴스하다가 되겠습니다.

영상을 해야 한다

뉴스하다 제작진은 독립언론사를 시작하기 전까지 흔히 말하는 '펜 기자'였다. 지역일간지에서 신문에 실릴 글 기사를 썼다. 영상 리포트를 제작해본 경험은 물론 영상에 출연한 일도 손에 꼽았다. 창간 초창기 뉴스 배급을 고민하는 우리에게 뉴스타파나 함께재단 구성원들은 "영상을 해야 한다"고 여러 차례 말했다. 기사가 포털에 노출되지 않더라도 유튜브를 통해 독자에게 닿을 수 있기 때문이다. 독자들의 뉴스 소비가 글에서 영상으로 넘어가는 시기이기도 했다.

필요성은 느꼈지만 쉬운 일이 아니었다. 취재를 하고 글 기사를 내보내기도 빠듯했고, 특히 창간 직후에는 조직 기틀을 잡는 데도 시간이 많이 들었다. 익숙지 않은 일을 시작하기 어려운 환경이었다. 영상을 직접 찍고 제작할 여력이 없던 우리는 뉴스타파 스튜디오에 출연했던 영상을 재편집해 올리는 데 그쳤다.

제대로된 영상을 제작한 계기는 '두 개의 동상: 조봉암과 이승만' 프로젝트였다. 취재 기획안이 함께재단 공모전에 당선되면서 영상 제작비가 생겼다. 당시만 해도 적은 인원에 취재 시간을 줄여가면서 영상을 만들 수는 없다고 생각했기에 과감하게 외주를 결정했다. 총 4개 영상을 외부 편집자에게 맡기면서 이것도 보통 일이 아니라 느꼈다. 품이 덜 들 줄 알았는데 세부적인 부분까지 주문을 해야 하니 시간이 만만치 않게 들었다. 글 기사를 써두고도 방송 원고를 붙들고 있느라 보도 시점이 늦어졌다. 이럴거면 결과물이 어설프더라도 직접 영상을 편집하는 게 낫겠다는 결론에 이르렀다.

이창호 기자가 영상 편집을 맡았다. 취재를 하면서 편집까지 하느라 시간도 많이 들고 고생이었지만 결과물이 좋았다. 제작진이 실시간으로 피드백을 하면서 제작을 할 수 있다는 점이 큰 장점이었다. 한 명이 리포트 음성을 녹음하는 동안 편집을 진행하고, 편집을 하는 동안 글 기사를 보강할 수 있어 작업 속도도 개선됐다.

 2025년 2월부터는 발행하는 대부분의 기사를 영상 기사로도 제작할 수 있을 정도가 됐다. 2월 21일 보도한 '윤석열 찬양가 닮은 유정복 인천시장 찬양'부터는 현장을 촬영한 영상을 제작에 사용했다. 조기 대선을 앞둔 5월 3일 '한덕수 부인 최아영 인천대공원 땅 특혜 의혹' 기사의 경우 특혜 의혹이 있는 최아영 일가 땅부터 해명을 듣기 위해 찾은 한덕수 영상까지 발로 뛰어 찍었다. 보도 기획과 촬영, 제작까지 직접 했다.

 영상 기사를 본격적으로 만들면서부터 왜 영상을 해야만 했는지 체감했다. 탐사보도를 지향하는 많은 독립매체가 그렇듯 뉴스하다 역시 하나의 취재에 몇 달을 쏟는다. 그렇게 취재한 기사의 홈페이지 조회수가 100회를 밑돌 때 허무하기도 하고 고민도 됐다. 좋은 기사를 쓰는 것도 좋지만 알리는 일도 중요하다는 생각이 간절할 때 영상은 하나의 수단이 됐다. 특히 숏폼 뉴스의 파급력이 컸다.

 김건희 특검(민중기 특별검사)팀이 윤상현 국민의힘 의원 압수수색 과정에서 휴대전화를 확보하지 못했다. 이때 뉴스하다는 윤 의원을 찾아가 기습 인터뷰를 했다. 이 영상을 쇼츠로 만들었고 롱폼으로 본영상도 유튜브에 내보냈다. 쇼츠 하나가 300만 조회수를 넘었고 본영상과 추가 쇼츠까지 합쳐 총 400만 조회수를 기록했다. 다른 유튜브 채널 출연, SNS, 홈페이지 등 뉴스하다가 제작에 참여한 콘텐츠 중 가장 많은 관심을 받았다. 앞으로도 유튜브 대세가 이어진다면 '쇼츠 뉴스'는 필수라고 판단한다.

2024년 총선 때는 원희룡 전 국토교통부장관 인터뷰 쇼츠가 160만 조회수를 기록해 구독자 수천 명이 갑자기 늘었다. 윤상현 의원도 구독자 늘리는 데 일조했다.

2024년 총선을 앞두고 이창호 기자가 원희룡 전 국토부장관에게 지역구 자택 단기 임대에 대해 질문하고 있다. 이천수 후원회장이 카메라를 막아서는 모습이 뉴스하다 카메라에 찍혔다.

외로운 늑대에게

독립언론을 하려면 외로운 늑대Lone Wolf가 되는 걸 두려워하지 말아야 한다. 길을 걷는 게 아니라, 길을 뚫어야 하기 때문이다. 그것도 외롭게. 외롭다고 뛰어갈 수도 없다. 그저 걷다 뒤를 돌아보면 길이 나 있다. 그 길을 누가 따라와준다면 조금 외로움을 덜 뿐, 외롭지 않을 수는 없다. 특히 스스로 가진 고정관념을 깨기 위해 '자발적 왕따'가 돼야 한다. 기성매체에 몸담았을 때 나를 바라보던 시선이 사라질 수록 독립언론인으로 더욱 거듭난다. 그럴 수록 외로움은 더 짙어진다.

외로움을 덜어주는 일은 후원회원과 독자의 몫이다. 그들의 응원으로 우린 외로움을 잊고 길을 뚫는 일을 업業으로 삼을 수 있다. 외로운 길을 오늘도 묵묵히 걷는다. 이 글을 읽는 독자들이 함께 걸어준다면, 외로움을 덜고 세상을 바꾸는 데 작게나마 힘을 보탤 수 있다.

뉴스쿨에서 배운 취재 방식과 독립언론 정신으로 무장하길 바란다. 우리는 이 정신으로 무장해 창립하는 데 심적으로 큰 도움을 받았다. '미움 받을 용기'도 필요하다. 우리는 홍영표 전 의원 지지자들이 밀어내고, 한덕수 전 총리 경호원이 막아섰지만 끝까지 잘못된 걸 물어봤다. 원희룡 전 장관, 윤상현 국회의원으로부터 미움을 샀다. 또 김장환(목사) 극독방송 이사장의 경호원으로 보이는 사람들에게 폭행을 당했지만 계속 질문을 시도했다.

이 같은 폭행 피해도 줄일 겸, 권장하고 싶은 게 있다. 최소 둘 이상 만나서 창간하길 바란다. 감시하는 일을 하면서 자체 감시가 되지 않는 구조는 피하라는 얘기다. 혼자서 내지 못하는 시너지효과도 누릴 수 있다. 특히 생각보다 행정 업무가 많아 취재와 병행하려면 혼자는 버겁다. 그리고 조금 덜 나태해지고, 덜 외롭다.

04

'어 날 로 그'의 시작

어느 재생 프로젝트

충북 청주 문화제조창 동부창고. 이곳은 재생의 공간이다. 일제강점기인 1939년부터 담뱃잎을 보관하는 창고로 사용하다가 2004년 청주연초제조창이 가동을 멈추자 방치돼 오랫동안 비둘기들이 살던

곳. 2015년 청주의 문화를 만드는 공장을 표방하며 문화제조창 동부창고로 거듭났다.

2024년 3월 15일 오전 11시, 동부창고 34동에서 또 하나의 재생 프로젝트가 시작됐다. <저널리즘센터 미디어 날(이하 미디어 날)>이 창립대회를 여는 날이었다. 우리는 '미디어 날이 날을 세우는 날'이라고도 했다. 그 징표로 '계간 날' 창간준비호가 세상에 나왔고, 오후 2시 출판기념회로 이어졌다.

행사는 비영리단체로 조직의 격을 정한 미디어 날 창립준비위원회(위원장 김은숙)가 주관하는 창립총회로 시작했다. 창립총회에는 의결권이 있는 발기인 성격의 정회원 예순한 명 중 서른다섯 명이 참석했고, 스물여섯 명이 권한을 위임했다. 경과 보고에 이어 정관 인준, 임원 인준 등이 이어졌다. 김은숙 창립총회 의장과 정회원들은 2024년 2월 1일 발기인총회에서 상정한 '저널리즘센터 미디어 날 정관'을 수정 인준하고, 역시 발기인총회에서 선출한 초대 임원을 원안대로 인준했다. 초대 임원은 나와 박소영 공동대표를 비롯해 김성동·김은숙·김재원 이사, 임진선 감사 등 모두 여섯 명이었다.

미디어 날 공동대표를 맡은 나는 '유사類似 언론인'을 자처해온 이재표다. 1996년 BBS 불교방송 기자로 언론계에 발을 들인 뒤 동네신문, 주간지, 동네신문 네트워크, 월간지, 유튜브 방송국, 다시 주간지를 전전하며 대안언론을 넘어 대체언론을 꿈꿔왔다. 박소영 공동대표는 2003년 대학을 졸업하면서 전공인 '화학'과는 영판 다른 주간지 기자로 인생의 화학적 변화를 시도했다. 이후 22년 동안 오직 기자로서 미시적 변화만 일어나는 '동적평형' 상태를 유지했다. 박 대표는 그 회사를 그만두며 "회사에 뼈를 묻으려 했었다"고 말했다.

그 회사는 '올곧은 말, 결 고운 글'을 사시로 1993년 월간지로 창간한 '충청리뷰'였다. 당시 해직교사였던 도종환 시인이 대표를 맡았고, 한겨레 충북 주재기자였던 권혁상 선배가 편집장으로 출발했다. 충청리뷰는 1997년 시사주간지로 전환했고, 2023년 9월 15일 창사 30주년을 맞았다.

나와 박소영 대표는 2005년 충청리뷰에서 만났고, 2013년 내가 충청리뷰 자회사 대표를 맡으며 분리됐다가 2022년 12월, 충청리뷰 창사 30주년을 코앞에 두고 충청리뷰 재생 프로젝트를 위해 편집국장과 편집부국장으로 다시 만났다. 결과적으로 30주년은 기념했으나 충청리뷰 재생엔 실패했고, 2023년 12월을 전후해 차례로 충청리뷰를 떠났다. 그 얘기는 다시 거론하겠다. 그때 재생하려던 충청리뷰 '알_{알.R.謁} 프로젝트'가 우리가 만들려는 미디어 날의 미래다.

창립총회에 참석한 정회원들은 정관 내용과 자구^{字句}까지 세심하게 살피며 의견을 내고 조율했다. 김은숙 위원장은 "총회를 진행하면서 이렇게 관심 있는 눈빛과 열의를 접하는 건 처음"이라며 "미디어 날에 대한 기대와 관심이 얼마나 큰지 느낄 수 있다"라고 말했다.

창간준비호 <어 날 로그의 시작(a nal logue의 시작)> 출판기념회는 오후 2시부터 김미숙 아나운서가 진행을 맡고, 테너 강진모와 소프라노 정찬희의 축하공연으로 1부의 막이 올랐다. 두 성악가는 솔로에 이어 듀엣으로 '시월의 어느 멋진 날에'를 '3월의 어느 멋진 날에'로 바꿔 불렀다.

2부 '스토리 날'에서는 나와 박소영 공동대표가 마이크를 잡았다. 박소영 대표는 "언론들이 속도 경쟁에 치우치다 보니 독자에게 외면을 받고 있다"면서 "미디어 날은 호흡이 긴, 살아있는 이야기를 전달하겠다"고 밝혔다. 나는 "미디어 날은 구독경제 방식으로 운영한다", "구독 회원이 되면 계간지와 뉴스레터를 받아보고 회원을 대상으로 하는 공연과 강연, 안내자가 있는 여행에도 참여할 수 있다"라고 소개했다.

3부 강연의 주인공은 개그맨 전유성 씨였다. 창간준비호 '어 날 로 그의 시작'에 인터뷰 기사를 싣기도 한 전유성 씨는 "양식된 뻔한 말을 쓰지 말고 자기 자신의 말을 쓰자"고 강조했다. 전유성 씨는 친구 모친상에 '명복을 빕니다'라는 장의 화환 대신 '너네 어머니 오이지 참 맛있었는데', 친구인 허참 씨가 세상을 떠났을 때는 '믿을 수가 없다. 허참아'라고 쓴 화환을 보낸 일화를 소개했다. 창립총회와 출판기념회에는 모두 300여 명이 다녀갔다. 그런데 2025년 9월 25일 전유성 씨가 폐기흉으로 입원했다는 보도가 나왔다. 그는 그날 세상을 떠났다. "믿을 수가 없네요. 전유성 선생님"

우리는 테러를 꿈꾼다

미디어 날은 주주 없이 후원금으로 운영하는 독립언론사다. 2024년 2월 16일에는 출판업을 등록했으며, 2월 27일 인터넷신문업을 신고하고 창립총회 보름 뒤인 4월부터 인터넷 뉴스 www.medianal.org 서비스를 시작했다.

사무실은 충북 청주시 흥덕구 가로수로 1154번길 21-4, 2층에 있다. 김재원 이사가 자신의 건물 한 층을 무상으로 사용하도록 제공했다. 1층에는 유튜브 공개방송과 공연, 강연장으로 활용할 수 있는 '카페 날'이 있다. 원래는 '존버$^{Zone.ber}$'라는 이름의 상업시설이었는데, 미디어 날 출범에 맞춰 카페 날로 이름을 바꾸고 실내도 새롭게 꾸몄다. 카페 날 소유자는 김재원 이사다. 미디어 날은 카페 날을 협업 공간으로 사용한다.

이렇게 박소영 대표와 나는 종잣돈 한 푼 없이 미디어 날을 시작했다. 그러면서도 주주가 없는 비영리 미디어를 시작하겠다고 했다. 이야기를 쓰는 미디어가 되겠다고 선언했다. 그리고 창립 사흘 뒤인 3월 18일, 뉴스타파함께재단을 주축으로 하는 한국독립언론네트워크 KINN, Korea Independent Newsroom Network에 제휴회원사로 가입했다.

미디어 날은 뉴스타파를 중심으로 진행하던 검찰 특활비 공동 취재에 충청리뷰 참여 불발이 창립 계기가 된 만큼 뉴스타파와 지속적인 접점을 만들기로 했다. 강력한 회원 플랫폼을 기반으로 하는 비영리 독립미디어는 미디어 날이 추구하는 지향점이기도 했다.

마침 2024년 3월 뉴스타파저널리즘스쿨 3기 과정이 개설됐다. 탐사저널리즘과 데이터저널리즘 강의 위주 구성이었다. 충청리뷰 시절의 오랜 경험으로 탐사보도는 나름 자신있었으나, 그동안의 보도 방식은 인맥을 활용한 '휴민트 Humint' 중심이었다. 뉴스쿨이 제시하는 데이터 저널리즘은 미지의 세계였다. 다시 시작한다는 각오로 뉴스쿨 3기에 도전해서 12주 과정을 단 하루도 빠지지 않고 수강했다.

예상했던 대로 새로운 세상이었다. 이미 독립매체를 설립해 운영하고 있었기에 2단계 펠로우십에는 도전하지 않았다. 하지만 뉴스쿨에서 배운 정보 추적 방식을 활용해 청주지역 국회의원의 인맥 관계, 법안 발의 등을 추적해 보도했다.

뉴스쿨에 지원한 또 하나의 목적은 독립언론을 지향하는 기자들과의 종적, 횡적 연대를 위해서였다. 동기들이 쓴 글을 인터넷 미디어 날에 연재하기도 했다. 이는 형편이 되는대로 계속 시도할 생각이다. 지금의 목표는 어서 플랫폼을 키워 유능한 데이터 전문 기자를 뽑는 것이다.

돌이켜보면 충청리뷰에서 나온 뒤 미디어 날을 설립하고 뉴스쿨을 다니며 비영리 독립매체의 기틀을 닦아나가기까지 모든 게 일사천리로 진행된 것처럼 보이지만 고민과 토론은 치열했다. 사실 오래전부터 고민해온 내용이기도 했다. 나나 박소영 대표나 기자가 '외길인생(?)'이 되어버린 상황에서 진짜 원하는 대미大尾를 장식할 마지막 기회라고 여겼기 때문이다. 그 고민과 토론은 지금도 진행 중이다. 이제 머릿속에 상像은 그려졌지만, 현실의 한계가 장벽이다.

다행인 건 우리가 창간준비호에 실은 창립 선언문과 지금 우리의 궤적이 크게 다르지 않다는 점이다. 우리는 생각했던 길을 가고 있다. 가끔 길을 잃고 조금 돌아왔어도 여전히 그 길 위에 있는 건 분명하다.

아래는 그날의 선언문 전문이다.

'어 날 로그(a nal logue)'의 시작

저널리즘센터 미디어 날 창립 선언
우리는 지금부터 '이야기'에 관해 이야기하려고 한다. 이야기는 문자가 없던 시절에도 구비전승口碑傳承됐고, 문자가 있어도 독립적으로 존재했다. 어쩌면 이야기 때문에 기록이 시작됐다고 해도 과언이 아니다. 이야기에는 힘이 있다. 힘이 있는 이야기의 전파력은 시공時空을 뛰어넘는다. 전파력의 근원은 공감이다.
우리는 공감할 수 있는 이야기를 쓰려고 한다. 날것 상태의 이야기는 공감을 통해 완성된다. 공감을 일으키는 이야기는 재미있거나, 감동적이거나, 놀랍거나, 유익하다. 우리의 이야기가 재미있고 감동적이며, 놀랍고 유익했으면 좋겠다.
미디어 날은 '기록하는 자記者'를 천직으로 알았던 이들이 다시 시작하는 일터다. 미디어는 세상을 밀고 가는 '지향志向'을 생명으로 한다. 우리는 기계가 학습하는 인공지능의 시대에 인간다움을 위해 싸울 것이다. 기계를 파괴하는 러다이트Luddite 방식이 아니라 읽고 쓰고 말하고 교제하는 '인간의 유희'를 통해서다.
하루가 지난 신문은 '신문지'가 되고, 어제의 뉴스는 '늬우스'가 되는 시대에 우리는 날것의 이야기를 따라가겠다. 함께 쓰고 함께 읽으며 퍼져나가고, 이어지기를 기대한다. 이것이 곡진한 날것의 기록, 곧 'a nal logue'의 시작이다.

우리는 이야기로 야수^{野獸} 자본에 저항한다. '물통이 차면 아래로 흐른다'라는 낙수효과^{落水效果}를 부정한다. '기관차가 객차를 끈다'라는 수도권 중심론에 반대한다. 동맹으로 갈라치는 강대국 중심의 세계화를 저격한다.

손편지는 사라지고 고지서나 통보서, 혹은 독촉장만 배달되는 시대에 이런 테러를 꿈꾼다. 우리는 우편함 속에 둥지를 튼 파랑새가 되고자 한다. 가가호호^{家家戶戶} 우편함 속에서 새소리가 들렸으면 좋겠다. 거기에는 버젓이 'Mail Box'라고 쓰여있겠으나, 새가 사는 우편함은 새집이겠는가, 우편함이겠는가!

2024년 3월 15일

미디어 날 공동대표, 에디터_ 박소영, 이재표

가로막힌 특활비 보도

나는 불교방송을 떠난 2003년 이후로는 보도자료를 베끼는 기사를 쓰지 않았다. 박소영 대표는 2003년 기자가 되면서부터 늘 보도자료를 멀리했다. 충청리뷰가 단신을 쓰지 않는 언론이었기 때문이다. 1997년 주간지 전환 이후 매주 신문을 내느라 제작 여건이 빡빡해도 충청리뷰는 '탐사보도'를 지향했다.

충청리뷰를 그만둔 건 검찰 특수활동비 보도를 둘러싼 대주주, 경영진과의 극심한 갈등 때문이었다. 나는 2022년 말 충청리뷰 창사 30

주년을 앞두고 편집국장으로 재입사하면서 '리뷰다움'을 회복하기 위한 'R 프로젝트'를 제안하고 대주주를 포함한 구성원 동의를 구했다.

주간에서 격주간 또는 월간으로 전환해서 보도 심층성을 강화하는 것이 목표였다. 그래서 긴 호흡의 기사를 쓸 수 있는 '왕년往年의 기자'를 전문기자(필진)로 대거 위촉해 '글발'로 승부를 걸어보자고 했다. 충청리뷰의 디자인 제호로 'R Review, Revolution, Renewal 등 의미'이나 알, 또는 謁아뢸 알'을 번갈아 쓰자고 제안했다. 격월로 지역 현안과 주요 선출직(충북지사, 충북도교육감, 청주시장)에 관한 여론조사를 시행해 그 추이를 지면에 반영하자고도 했다. 이 중 전문기자 제도와 여론조사는 즉각 시행에 들어갔고, 나머지 제안은 시간을 두고 검토하기로 했다.

R 프로젝트에 문서화하지는 않았지만 진정한 '리뷰다움'은 왕조시대의 날 선 보도를 회복하는 것이었다. 신문 산업 사양화斜陽化로 재정 압박을 겪으며 충청리뷰와 충북인뉴스(충청리뷰의 인터넷 영역)가 완전히 법인을 분리했고, 여러 이유로 인력을 충원하지 못하면서 편집국장인 나와 박소영 부국장을 제외한 편집국 기자 대부분은 정년퇴직 후 위촉한 선배들이었다.

가장 큰 문제는 경영난으로 인해 대여금 형태로 들어온 자금이 출자로 전환되면서 전에 없던 과점주주가 탄생했고, 그 입김이 점점 거세진 것이었다. 나는 투쟁이 필요하다고 판단했다. 2023년 7월, 때마침 뉴스타파로부터 검찰 특활비 추적 보도 중 충청권 검찰 부분을 공조하지 않겠느냐는 제안이 들어왔고, 나는 이 문제를 회사 안에 공론화했다.

대표이사의 떨떠름한 동의를 받아냈지만 사실 가장 큰 문제는 자료를 받아내고 분석해 기사를 쓸 취재 인력이 부족하다는 점이었다. 그럼에도 9월 초중순, 청주지방검찰청과 산하 충주지청, 제천지청, 영동지청을 방문해 뉴스타파가 정보공개청구소송을 해 공개가 결정된 특수활동비 등의 자료 및 영수증 사본을 받아냈다.

추석 연휴가 끝나고 나서부터 관련 보도를 시작하려는데, 대주주의 노골적인 간섭이 시작됐다. 9월 29일 자(지령 1287호) 데스크 칼럼에 '특활비 보도를 시작한다'는 취지의 글을 썼다. 그러나 이 칼럼은 신문에 실리지 않았다. 신문 편집을 마감하고 윤전 인쇄를 넘겼으나 그날 밤 편집국 기자들이 퇴근하기를 기다려 편집권을 침탈한 무리가 있던 까닭이다. 칼럼면을 통째로 들어내고 대포 광고를 실었다. 이튿날 나에게는 보직해임 통보서가 왔다. 내부 전산망을 확인하니 외부에서 영입하려는 후임 편집국장이 이미 결정돼있었다. 그날 이후의 험악하면서도 간절했던 상황은 굳이 적지 않겠다. 보직해임은 이내 철회됐으나 그게 목표는 아니었다.

10억 원을 만들 방도는 뚜렷하지 않았지만, 대주주에게 충청리뷰를 내놓으라고 호기도 부려보았다. 대주주가 '충청리뷰의 색깔을 바꿔놓겠다'고 떠들고 다닌다는 말이 풍문이 아니었던가 보다. 대주주는 "100억 원을 줘도 안 판다"고 했다.

나는 충청리뷰에 다니는 동안(2005~2013년, 2022~2023년) 마음껏 기사를 썼다. 기사 때문에 행정기관의 1년치 광고가 날아가도 말리거나 눈치를 주는 선배는 없었다. 논란 끝에 편집됐다가 보류된 기사가 있었는데, 당시 편집국장은 그 한 면을 '백지白紙'로 처리해 후배의 자존심을 지켜주었다. 그 기사는 다음 호에 실렸다. 그 일은 내 기자 인생의 좌표가 됐다.

그러니 '올곧은 말을 결 곱게 쓰자'는 약속을 지킬 수 없다면 자폭하는 게 맞지 않을까? 충청리뷰의 명예를 더럽히느니 차라리 멈춰세우고 싶었다. 사표를 냈다. 박소영 부국장도 뒤를 따랐다. 의원면직은 2023년 12월 31일부로 처리됐다. 퇴직 후 촉탁으로 남았던 선배도 충청리뷰 창간부터 시작한 30년 인연을 정리했다. 그래도 충청리뷰는 나오고 있다.

재밌거나 감동적이거나 충격적이거나

내가 2013년 충청리뷰에서 자회사 '청주마실'을 만들어 분리한 것도 경영난 때문이었다. 더는 팔리지 않는 상품(종이신문)에 매달리기보다 무가^{無價} 신문을 만들어 다른 사업모델을 찾아보자는 취지였다. 지구 멸망에 대비해 '행성 B'를 찾는 계획이었다. 청주지역에 최소 네댓 개의 마을신문을 직간접적으로 만들어 연결하는 목표를 설정하고 창업 오디션에 나가 상도 받고, 예비 사회적기업 인증도 받았으나 경영 실적은 참혹했다.

절망적인 상황에서 벗어나면 한 가지 이야기로 한 권의 책을 쓸 수 있는 프리랜서 기자로 다시 시작하고 싶었다. 2009년 한겨레21의 '노동OTL' 기획기사를 접한 이후 내러티브$^{Narrative, 敍事}$ 형식의 기사에 매혹된 터였다. 독일 프리랜서 기자 귄터 발라프의 저서 <가장 낮은 곳

에서 가장 보잘것 없이>를 읽으며, 이런 취재에 도전할 용기가 남아 있기를 기도했다.

소위 레거시Legacy미디어를 비롯해 군소, 유사언론(유튜브, 1인 미디어. 나는 이들이 '대체언론'이 될 거라 믿는다)이 난립하는 상황에서 앵무새처럼 똑같은 이야기를 되뇌는 매체는 규모가 크든 작든 공해라고 생각한다. 같은 사실에서 다른 진실을 보여주기 위해서는 다른 시각과 다른 방식으로 접근해야 한다는 얘기다. 이를 다른 형식을 통해 보여줄 수 있다면 금상첨화다.

기사를 쓰는 주체가 가장 잘 할 수 있는, 특화된 방식이라야 한다. 2003년 동네신문(한우리신문, 2004년 폐업) 시절부터 이야기를 쓰기 위해 노력했다. 충청리뷰로 와서 지역 탐구 시리즈로 2005년 <시간을 잃어버린 마을 수동>, 2006년 <청주를 파는 육거리>를 출판했다. 청주마실 대표로 일하면서도 충청리뷰에 '토박이열전'을 연재하는 등 생애사, 마을사를 쓰는 작업에 여러 차례 참여했다.

박소영 대표도 충청리뷰 기자 시절 내러티브 기사 쓰기에 심취했다. 2010년 12월 17일 자 신문에 당시 박소영 기자를 팀장으로 세 명의 기자가 '운천동 피란민촌 보고서'라는 제목으로 모두 네 편의 기획 기사를 실었다. 청주시 흥덕구 운천동 무심천변 우묵한 데에 공동화장실을 쓰는 20여 가구의 이야기를 내러티브 방식으로 그린 기획이었다.

2011년 9월 30일 자에도 후속보도가 실렸고, 이 보도는 2011년 11월 4일 열린 '전국 지역신문 콘퍼런스'에서 최우수상을 받았다. 당시 나는 충청리뷰 편집국장 권한대행이었다. 우리는 당시 받은 상금 절반을 뚝 떼어 쌀을 샀고, 기획보도에 참여한 기자들이 직접 마을에 전달했다.

박 대표와 나는 미디어 날을 구상하면서 이야기 형식으로 기사를 쓰기로 했다. 신생이니만큼 언론으로서 '존재감'을 드러내기 위해 정치, 경제 류(類)의 카테고리로 일상 기사가 필요하다는 고민이 컸으나 포기했다. 이야기를 쓰기로 한 건 단지 차별화를 위해서가 아니었다.

이제 어떤 언론이든 자기 지면과 홈페이지만으로 영향력을 확보하기 힘들다. 뉴스를 보기 위해 TV를 켜거나 종이신문을 구독하는 수요가 크게 줄었고, 특정 회사의 홈페이지를 검색하는 경우는 매우 드물어졌다. 결국 인구에 회자(膾炙)하고 특히 SNS를 통해 공유돼야 영향력이 발생한다.

그래서 맥락이 있는 이야기를 쓰자는 얘기였다. 우리는 어떤 이야기가 회자하고 공유되는지 알고 있었다. 바로 '재미있거나 감동적이거나 충격적이거나 유익한' 이야기다. 미디어 날 기사 범주를 정치, 경제, 사회, 문화 등으로 구분하지 않고 '재밌는, 찡한, 유익한, 화나는, 반가운, 신기한, 심각한, 진지한' 등으로 정했다.

로망을 실현하는 플랫폼을 그리다

회사 이름을 '미디어 날'로 정한 건 참 잘한 일 같다. 날에서 칼날을 연상하는 이도 있고 날것의 날을 떠올리기도 한다. 우리는 나날의 날(Day)이라고도 하고, 아날로그에서 한 음절을 따왔다고도 한다. 날의 영문 표기 'NAL'이 News, Archiving, Logue 첫 글자를 합성한 거라고도 우기는데, 명함 뒷면 디자인이 그렇다. 창간준비호 제목을 'anal logue의 시작'이라고 지은 것도 같은 맥락이다. 이 정도면 꿈보다 해몽이라고 충분히 먹힐 만한 썰殷이 아닌가? 계간 날을 편집하는 백신영 커넥트 대표가 로고를 만들었다. 영어 N을 연상케 하는 디자인인데 칼날 두 개가 빗겨 교차한 형상이다. 단순하면서도 미디어 날의 지향을 잘 형상화했다고 생각한다.

몇천을 대줄 테니 인터넷 뉴스를 만들어 보라는 권유도 있었고, 충청리뷰에서 분리한 충북인뉴스로 들어가면 어떻겠냐는 제안도 있었다. 이들은 모두 '날'이라는 이름에서 칼날을 기대했으리라.

하지만 선결 과제는 조직 형태였다. 주주에게 질렸고, 특활비 보도를 계기로 연이 닿은 뉴스타파함께재단도 비영리언론을 권했다. 그래서 고민 끝에 택한 게 구독경제 방식의 플랫폼 미디어다. 미디어 날은 2025년 현재 월 2만 원의 회비를 받는다. 궁극적으로는 이 회비가 미디어 날의 유일한 재원이 되어야 할 것이다. 그렇다면 회비를 내는 회원에게 무엇을 돌려줄까를 깊이 고민했고, 지금도 궁리하는 중이다.

미디어 날 서비스를 요약하자면 ▲인터넷 뉴스 ▲유튜브 방송 ▲계간지(계간 날) 발행 ▲공연 ▲강연 ▲안내자가 있는 여행 ▲굿즈 제작 등이다. 이 가운데 인터넷 뉴스와 유튜브 방송은 회원이 아닌 불특정 다수를 대상으로 하는 서비스다.

회원들에게 효용감을 줄 수 있는 서비스라면 계간지나 굿즈 무료 배송, 공연이나 강연, 여행 등의 무료 제공 또는 할인 혜택 등일 것이다. 이와 관련해서는 깜냥껏 노력하고 있으나 규모의 경제를 갖추지 못해서 아직 부족하다. 회원들에게 송구스러울 따름이다. 다 이해할 수 있으니 '한방을 터뜨려 달라'는 요구도 있다. 이 부분도 실체적 진실을 추적하는 연재連載 형식이어야 할 텐데, 아직은 기대를 충족하지 못하고 있다.

복잡하지만 이를 종합하면 미디어 날은 '지적 유희'를 원하는 이들에게 로망 실현 플랫폼이 되는 것이 목표다. 짤막한 뉴스가 아니라 긴 호흡의 글을 읽고, 좋은 공연, 강연, 여행도 함께하는 놀이터를 만들겠다는 얘기다. 인공지능과 자동화로 말미암아 인간의 노동은 종말을 고하게 될 것이고, 지적 활동마저 쇠퇴하는 상황에서 이런 지적 유희를 추구하는 건 일종의 운동이자 저항이 될 수도 있다.

생산력이 증대하고 인간이 노동에서 해방된 상황에서 로망 실현을 장려하는 정부를 만날 수도 있고, 설국열차의 꼬리칸처럼 인간을 잉여로 만드는 권력과 마주할 수도 있다. 후자일 때에 우리가 만든 플랫폼이 레지스탕스가 될 수도 있지 않을까?

나는 이야기를 발굴하고, 글로 옮기는 일에서 희열을 느낀다. 좋은 공연과 강연, 여행도 삶의 활력소가 된다. 이제는 하고 싶은 일을 하며 보고 싶은 걸 보고, 가고 싶은 곳에도 가며 살고 싶었다. 그런 일을 직업으로 가지면서 적절한 수입도 얻을 수 있다면, 그게 '지속가능성'과도 직결된다고 생각했다. 따라서 미디어 날은 회원들의 로망 실현 플랫폼임과 동시에 나의 로망 실현 플랫폼이기도 했다.

창립 1년여가 지난 지금, 나는 미디어 날을 통해서 만난 사람들과 함께 로망을 실현하고 있다. 나 역시 미디어 날 회원이고 아내, 아들도 회원이다. 나의 일터가 삶터이자 놀이터가 되기를 바라는 소망은 어느 정도 이루어졌다. 다만 미디어 날은 아직 공동대표 두 명이 전부다. 로망 실현이 감당하기에 벅찬 노동으로 느껴질 때도 있음을 고백할 수밖에 없다.

봄날 여름날 가을날 겨울날

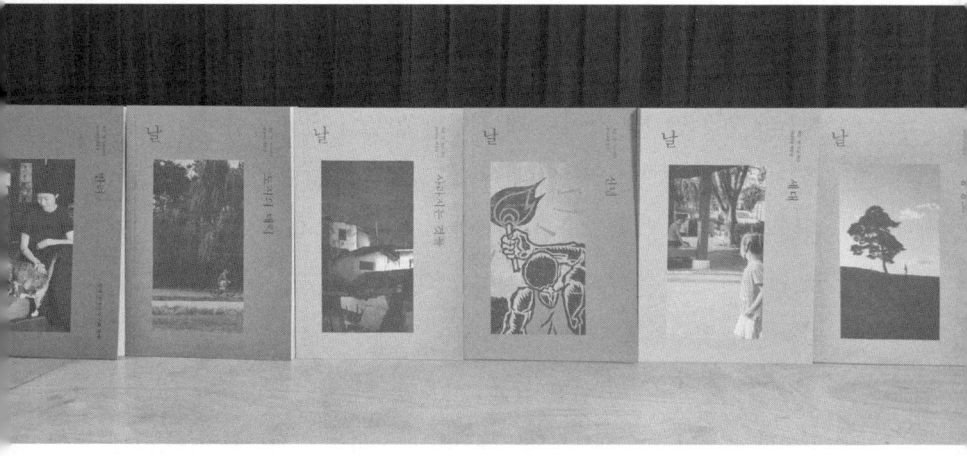

미디어 날이 제공하는 서비스가 어떻게 진행되는지 살펴보겠다. 먼저 계간 날은 창간준비호 '어 날 로그의 시작'을 필두로 2024년 여름날 '반려', 2024년 가을날 '도시의 매력', 2024년 겨울날 '사라지는 것들', 2025년 봄날 '신념', 2025년 여름날 '세대', 2025년 가을날 '충청도' 등 일곱 권이 차례로 나왔다.

계간 날은 하나의 주제를 가지고 열 명 안팎의 필진이 함께 글을 쓰는 방식이다. 나와 박소영 대표도 한두 꼭지를 쓰는 필진이자 에디터로 참여한다. 필진은 학계 전문가를 비롯해 시나 소설, 수필을 쓰는 작가 등을 섭외하되, 지역에 국한하지 않고 심지어 해외에 있는 이도 참여시켜 다양성을 꾀하려 노력한다.

계간 날을 기획하고 평가하는 편집위원회는 나와 박소영 대표를 포함해 류정환 시인, 박혜지 소설가, 백승권 글쓰기 강사, 백신영 커넥트 대표, 조창완 작가 등 일곱 명으로 구성해 운영한다.

미디어 날의 일상 보도 기능은 미디어 날 인터넷 홈페이지에서 이뤄진다. 2024년 4월 사이트 개설 이후 2025년 10월 중순까지 151건의 기사를 올렸으니 일주일에 두 건 정도씩 글을 올린 셈이다. 결코 활발하진 못했다. 중요한 건 연재하는 기사인데, 일제강점기 '일본으로 간 조선 소年'를 취재한 기사를 네 편 연재하고, 여건이 닿는다면 일본 현지 취재를 꿈꾸고 있다.

김영환 충북지사와 이범석 청주시장이 공언했던 프로야구 경기장 건설과 프로야구팀 창단 또는 유치의 허구성을 취재하는 기사도 네댓 편을 목표로 진행 중이다. 지역민방 사장이 도 산하기관장(충북테크노파크 원장)으로 임용 절차를 밟고 있는 것과 관련해 연속 보도로 문제를 제기하기도 했다. 등장인물을 표로 정리하는 방식으로 심층보도를 시도했다.

이 밖에 1935년 만주로 가서 '유지온상법'이라는 혁신적인 농사 기술을 개발한 청주 농부 최학출을 추적하는 보도를 시작했으나 속편을 쓰지 못하고 있다. 시설 현대화라는 명분 아래 민간에 매각돼 초고층 주상복합으로 변모한 청주고속버스터미널의 문제점을 지적하는 보도는 현재진행형이다. '고속버스 이용객 하루 주차 요금이 7만 원이나 된다'는 기막힌 현실은 공공시설인 터미널이 천덕꾸러기 취급을 받음에도 아무런 대응도 할 수 없는 행정의 무능함을 보여준다. 거짓말이 거짓말을 낳는 현실에 관한 후속보도를 준비하고 있다.

유튜브 미디어 날은 내가 2022년 말 충청리뷰로 복귀하기 전 제작국장으로 일한 유튜브 기반 유사 방송국 ㈜와우팟의 시사 채널 '미디어Z'의 채널명을 '미디어 날'로 변경해 승계했다. 공개방송은 1층 카페 날 스튜디오를 사용하는데, 와우팟 도움을 받는다. 2층 미디어 날 사무실에도 생방송이 가능한 스튜디오를 갖췄는데 여기서는 자력 방송이 가능하다.

그동안 '청출어람淸出語覽'이라는 타이틀로 2024년 4월 27일과 2025년 2월 25일, 두 차례 공개방송을 송출했는데, 여기서 청출어람은 청주 출신 3인의 말잔치라는 뜻으로 변상욱 대기자, 김종대 전 국회의원, 신장식 국회의원이 고정 출연한다. 2024년 5월 8일 국회 등원을 앞둔 청주지역 초선 국회의원 당선자 네 사람(송재봉, 이강일, 이광희, 이연희)을 모두 스튜디오로 불러 '국회의원은 처음입니다'라는 타이틀로 생방송한 것도 눈에 띄는 기획이었다.

와우팟 미디어Z 시절부터 제작하던 책담 생방송 '다독다讀'은 미디어 날이 승계해 100회 차를 훌쩍 넘어섰다. 미디어 날 이사기도 한 김은숙 시인이 진행하는 다독다讀은 코로나19가 기승을 부리던 2020

년 8월, 사회적 거리두기로 우울감에 빠진 대중을 문학으로 다독이자는 취지로 시작했다. 매달 두 차례 작가를 초청해서 책담을 나눈다. 2024년 11월 20일, 100회 특집방송 '도종환 시인 편'을 방송하는 등 전국의 내로라하는 작가들이 참여한다. 충북 다음으로 출연자가 많은 지역은 서울이고 제주에서도 두 명의 작가가 출연했다. 미디어 날은 그동안 방송에 출연한 시인 예순여섯 명의 신작 시를 묶은 모음집을 2025년 12월 초 출판한다.

또 현재 방송 중인 시사 프로그램으로 '시시콜콜'이 있다. 프로그램 명은 주요 현안과 관련이 있는 인물을 출연시키거나 전화로 연결해서라도 언제든 소환call하겠다는 취지에서 지었다. 최근 여섯 달 동안 열여덟 번 콜했으니 한 달에 세 번꼴이다.

우편함에 새가 알을 낳으면?

이 글 앞부분에 미디어 날 창립 선언문 전문을 실었다. 창립 선언문의 마지막 화두는 '우편함에 새가 알을 낳으면 이게 우편함이냐, 새집이냐'는 질문이다. 답은 알에서 부화한 새끼가 이소하기 전까지는 새집이라는 거다. 신기한 일을 소개하는 TV 프로그램에서 비슷한 사례를 여러 번 본 적이 있다. 심지어 화물차 연료탱크 위에 새집을 지었는데 새가 이소할 때까지 차를 세워둔 사례도 있었다. 요즘 우편함은 기별을 주고받는 편지함이 아니다. 고지서, 광고전단에서 독촉장까지 날아드는 곳이라 열어보기 불편할 정도다. 그런데 만약 새가 둥지를 틀고 알을 낳는다면 이는 작은 기적이자 우연한 즐거움이 아니겠는가.

미디어 날의 비영리성을 에둘러 표현한 것이다. 우리는 독자적인 새 집을 갖지 못하지만 손편지가 사라진 우편함 곳곳에서 새소리가 들리게 만들겠다는 다짐이었다. 우선 협업 공간 카페 날이 그런 공간이다. 미디어 날은 카페 날에서 참으로 분주하게 이벤트를 열었다.

2024년에는 ▲조한욱 교수 특강 '소소한 세계사'(5월 9일, 16일, 23일, 30일) ▲운명학자 김동완의 귀띔(6월 7일) ▲창간호 반려 출판기념회(6월 21일) ▲디너 강연 '와인이 있는 100가지 장면'(8월 30일) ▲유진규 마임 공연 '네 몸은 안녕하십니까'(12월 13일) 등의 행사를 카페 날에서 열었다.

2025년에는 또 다른 우편함 '아트센터 올리브(관장 권오성)'에서 ▲이지상 사진전과 콘서트(6월 9일~17일) 카페 날에서 ▲삶의 노래 부흥회 '산오락회'(7월 26일) ▲두 대사 외교를 말하다 '노영민 전 중국대사 편'(10월 14일), '정범구 전 독일대사 편'(10월 21일)을 진행했다.

미디어 날이 공식적으로 진행한 여행은 두 차례다. 2024년 8월 4일~12일까지 8박 9일 일정의 '카자흐스탄, 홍범도의 길을 가다'는 변상욱 대기자, 김종대 전 의원을 포함해 스물일곱 명이 참여한 가운데 카자흐스탄 현지 김상욱 고려문화원장의 안내로 시중 여행 상품에서는 넘볼 수 없는 일정과 여정으로 진행했다. 알마티에서 크즐오르다까지 침대칸이 있는 횡단열차를 타고 이동하며 홍범도 장군의 발자취를 좇았으며, 고려극장과 고려일보 관계자, 독립운동가 후손과도 만났다. 현지에서 변상욱, 김상욱 김종대 3인방이 출연하는 유튜브 방송을 촬영하고 문공자·김겐나지 공훈예술가 부부가 스물일곱 명만을 위한 공연을 했다. 여행업에 관한 경험과 기법이 전혀 없음에도 불구하고 진정성과 훌륭한 안내자들의 동행이 좋은 결과를 낸 사례다.

카자흐스탄 여행을 함께 다녀온 멤버 중 김용덕 태양커뮤니케이션 대표와 지선정 건축사무소의 오재만 대표 건축사는 이후 미디어 날 이사로 참여하게 됐고, 다른 멤버들도 미디어 날의 인문학 아카데미 날랄라핵교에 폭넓게 참여하는 등 주축을 이루고 있다.

2024년 11월 2일에는 계간 날 2024년 가을날 발간과 관련해 충남 부여로 떠나는 여행 '부여안다'를 다녀왔다. 이 여행은 책에 실린 '슬픔을 사러 종종 부여에 간다'는 글을 길라잡이 삼아 글 속에 등장하는 장소를 돌아보는 방식으로 진행했다. 책에서 여행이 파생될 수 있음을 실험한 사례다.

단단한 민주시민 날랄라핵교

미디어 날은 담론談論과 숙론熟論을 추구한다. 특정 정당, 정파에 쏠리는 정치적 팬덤Fandom은 철저히 경계한다. 모든 정치세력과 합리적 거리를 두고 탈脫진영, 정치적 의회주의를 견지하자는 것이다. 우리 편은 무조건 옳다고 한 눈을 감는 건 민주주의가 아니라고 생각한다. 다수가 반드시 진리라고 여기지 않으며, 설사 다수의 의견이 맞더라도 소수를 존중하는 게 민주주의라고 믿는다. 반대로 내 생각이 틀렸다는 걸 인지하면 기꺼이 인정하는 태도가 필요하다는 게 우리의 신념이다.

이를 깨치려면 공부가 필요하다. 공부하는 모임을 만드는 게 숙원이었다. 미디어 날 아카데미 '날랄라학교'가 탄생한 배경이다. 날랄라는 콧노래를 의미하는 감탄사 '랄랄라'를 변형시켜 만들었다. 미디어 날의 '날'과 '랄랄라'를 합성했다. 우스갯소리로 리을에 두음법칙을 적용했다고도 설명한다. '학창시절의 공부는 지루했으나 어른이 되어 자발적으로 하는 공부는 즐겁다'는 뜻이다.

미디어 날의 우군인 변상욱 대기자가 교장을 맡고 김종대 전 의원을 학생부장이라 부르기로 했다. 변상욱 교장은 다른 일정이 없는 한 매주 교육과정에 참여한다. 날랄라학교 앞에 붙이는 '단단한 민주시민'이라는 핵심 구호도 변상욱 교장이 만들었다.

2025년 4월 3일부터 6월 26일까지 전반기 12주 과정을 1기(21명 등록)로 진행했고, 9월 4일부터 12월 4일까지 후반기 12주 과정을 2기(16명 등록)로 진행하고 있다. 1기 강사진은 ▲변상욱 대기자 ▲심용환 역사N연구소장 ▲이정모 과학커뮤니케이터 ▲김누리 중앙대 교수 ▲우석훈 경제학자 ▲김진향 전 개성공단지원재단 이사장 ▲정상원 미슐랭 셰프 ▲백승권 글쓰기연구소 대표 ▲김태형 심리연구소함께 소장 ▲이광수 광수네복덕방 대표 ▲강제윤 섬연구소 소장 ▲김종대 전 국회의원 등이었다.

2기 강사진은 ▲고미숙 고전연구가 ▲도종환 시인 ▲변상욱 대기자 ▲이지상 가수, 작곡가 ▲박태웅 녹서포럼 의장 ▲권해효 영화배우 ▲김누리 중앙대 교수 ▲박구용 전남대 교수 ▲신지영 고려대 교수 ▲전우용 역사학자 ▲김진향 전 개성공단지원재단 이사장 ▲김종대 전 국회의원 등이다.

기수마다 강사와 함께 평화기행을 떠나는데 1기는 김진향과 함께 떠나는 파주-민통선 기행, 2기는 이지상과 함께 떠나는 포천-철원 기행이었다. 서울, 수도권에서 진행하는 어느 아카데미에도 밀리지 않을 만큼 저명한 강사진을 섭외하되, 지역의 숨은 고수도 발굴하겠다는 원칙을 세웠다. 미디어 날 창립 선언문에서도 밝혔듯이 수도권 중심의 원심력에 저항하기 위한 전략이다.

실제로 미디어 날(카페 날)이 위치한 대한민국의 엑스축에 있는 청주시 강서동은 서울보다 지정학적 접근성이 우수하며 도로나 철도, 교통수단을 고려할 때도 이용 접근성이 좋은 편이다. 청주 고속버스터미널이나 시외버스터미널에서 도보 10분 안팎의 거리, KTX 분기역인 오송역에서 택시로 15분 이내, 청주(경부), 서청주(중부) IC에서 차량으로 10분 이내에 도달할 수 있기 때문이다.

일단 충북 청주와 주변 시·군을 넘어서 대전과 세종, 충남 천안 등에서 수강생이 오길 고대했다. SNS를 빼고는 홍보를 위한 별도 광고는 없었다. 그런데도 1기 때에는 경기도 평택, 충북 진천, 음성 등에서 수강생이 왔다. 2기에는 서울, 경기도 화성, 충남 서천, 충남 금산, 충북 충주 등에서 등록했다.

날랄라핵교가 문을 열자 지역사회에서는 세 가지 측면에서 놀랐다고 했다. 첫째, 강사진 면면이 스타급이고, 둘째 강의료도 상상 이상(일반 330만 원, 회원 310만 원)이며, 셋째 모집 정원(15~25명)을 거뜬히 채웠다는 점이다.

날랄라핵교는 기수별 횡적 연대와 동문회를 통한 종적 연대를 씨줄과 날줄처럼 엮을 계획이다. 한 번 수강생이 되면 다른 기수 강의도 골라서 무료 청강할 수 있다. 날랄라핵교에 300명의 동문을 만드는 게 목표다. 이들은 날랄라핵교라는 이름으로 열리는 모든 강좌에 무료로 참석할 수 있다. 이 300명을 주축으로 거대한 담론의 장을 만들 것이다. 동문이 아닌 사람에게는 1만 원씩만 입장료를 받더라도 1000명이 모이는 지성의 전당을 만들 자신이 있다.

05

지구와 함께 살기

살아가다

창간 결심, 기성언론 한계를 넘어

<살아지구>는 기후와 생태 분야를 다루는 비영리 독립언론이다. 나는 '살아지구'를 만들기 전, 멸종위기종을 전문적으로 다루는 매체에서 4년간 기자로 근무했다. 그곳에서 보낸 시기는 내게 생태계에 대한 지식을 쌓고, 저널리즘이 무얼 해야 하는가 깊이 고민하는 경험을 남겼다. 하지만 시간이 흐를수록 마음 한 편에 해소되지 않는 갈증이 커져갔다.

가장 큰 불만은 내가 생산하는 콘텐츠가 대부분 2차 생산물에 머무른다는 점이다. 다른 언론사에서 이미 보도한 내용을 정리하고 재게시하는 역할에 만족하기 어려웠다. 특히 자발적으로라도 이어가던 현장 취재가 회사 차원에서 막히는 경험을 하면서 회의감이 커졌다. 현장의 목소리를 직접 듣고 세상에 알려지지 않은 진실을 발굴하여 사회에 질문을 던지는 '1차 생산자'가 돼야 기자라고 할 수 있는 게 아

닌가 생각했다. 이런 의문은 자연스럽게 '환경 분야 전문 기자'가 돼 겠다는 생각으로 이어졌다. 특히 기후 위기와 생태 위기라는 경고를 반복해 전하면서, 이런 상황에서 저널리스트가 어떤 역할을 해야 하는가 하는 근본적 물음에 닿았다.

나는 우리 모두가 마주한 기후와 생태 위기가 단순히 자연을 훼손하는 문제를 넘어, 사회의 가장 약한 고리부터 파괴하는 불평등의 문제라고 생각했다. 하지만 거대 자본과 정치 권력의 논리에 따라 움직이는 기성언론은 이러한 문제의 본질을 깊이 파고들지 못하는 경우가 많았다. 당장의 이익이나 광고주 입김에서 자유롭지 못한 구조적 한계 때문이다. 나는 이러한 '돈의 논리'에서 벗어나 기성언론이 할 수 없는, 혹은 하지 않는 이야기를 하는 언론을 만들고 싶다는 마음을 품었다.

특히 기후나 생태 분야는 과학계 연구 결과가 정책이나 사업 현장에 제대로 반영되지 못하는 영역이다. 단적인 예로 과학자들은 이미 수십 년 전부터 인류에게 닥칠 기후 위기를 경고해왔지만, 우리 사회의 변화 속도는 너무나 더디다. 언론이 과학적 사실을 근거로, 잘못된 정책과 사업 방향을 날카롭게 지적하고 대안을 모색하는 역할을 해야 한다고 믿었다. 하지만 기존 언론에서는 이러한 역할을 충실히 수행하는 보도를 찾아보기 어려웠다.

내가 일하던 매체가 이런 역할을 할 수 없겠구나 생각했을 때, 기후나 생태 문제를 지켜보는 사람으로는 남고 싶었다. 오만한 생각일지 모르지만 '또 누가 하겠나'라는 생각도 들었다. 기자를 그만두느냐 혹은 다른 매체로 가느냐를 고민했다. 사실 나는 스스로를 '야매 기자'

라는 표현으로 종종 소개해왔다. 언론고시라는 메이저 언론의 길을 따르지 않았기 때문이었다. 다른 매체에서 환경 분야 심층 보도를 제대로 하지 못하는 데에도 이유가 있다고 생각했다. 그래서 타 매체 이직은 크게 고려하지 않았다. 남은 선택지는 기자를 그만두는 것뿐이었다. 그러던 중 우연히 제3의 길을 생각하게 됐다.

뉴스쿨에서 독립까지

당시 나는 직접 언론사를 만들면 되지 않을까라는 막연한 답에 도달했다. 언론사를 만든다면 누구에게 어필해서 재원을 조달할 것인가, 어떤 문제를 해결하고자 하나, 누구를 대변할 것인가, 어떤 보도를 지향할 것인가 질문이 꼬리를 물었다. 매체를 만드는 건 쉽지만 유지하는 게 어렵다는 사실도 당연히 알고 있었다.

'언론사를 만들면 어떨까'라는 막연한 생각이 구체적인 계획으로 바뀌기 시작한 건 뉴스타파함께재단이 운영하는 '뉴스쿨'에 참여하면서부터다. 뉴스쿨은 독립언론사 창간을 출구로 설정한 프로젝트였다. 독립언론사를 만들 거라면 뉴스쿨 말고는 대안이 없겠다고 생각했다.

사실 뉴스쿨에 참여하기 전까지는 후원으로 매체 하나가 굴러갈 거라고는 상상을 못 했다. 그러나 뉴스쿨 수업을 들으면서 환경 분야 독립언론사의 재원 조달 방안은 후원 모델이 될 수밖에 없다는 생각으로 바뀌었다. 뉴스쿨 수업에 강사로 오신 여러 분이 '후원 모델은 아주 어렵다'는 말을 했지만 말이다.

뉴스쿨에서는 주로 데이터를 분석하고, 정보공개청구를 통해 숨은 사실을 찾는 탐사보도 방법론을 배웠다. 또 비영리 독립언론의 필요성과 기성언론이 가진 구조적 문제도 분석해 알려줬다. 물론 탐사보도 방법론도 유용했지만, 내게 가장 큰 수확은 '비영리 독립언론'이라는 모델을 시도할 수 있겠다는 가능성을 본 것이었다.

뉴스쿨 3기 수료식에서 김중배 당시 함께재단 이사장에게 수료증을 받은 뒤 포즈를 취하고 있는 살아지구 임병선 기자.

언론사 창간 과정에서는 여러 중요한 문제를 하나씩 확실하게 정리해나가야 한다. 어떤 수익모델을 그릴 것인가, 심층보도 주기는 어떻게 가져갈 것인가 등을 결정한다. 많은 대안 중 최적의 방안을 잘 선택해야 한다. 나는 뉴스쿨을 거치면서 환경 분야 언론에는 후원 모델이 반드시 필요하다는 생각을 확고하게 가졌다. 환경이야말로 경제 논리에서 독립해야 하는 분야이기 때문이다.

언론사는 대부분 광고를 통해 매출을 이루는 광고 모델로 재정을 충당한다. 광고주는 기업이나 정부다. 사실 기업과 정부가 언론에 광고를 주는 이유는 광고 효과 못지않게 언론과 돈을 매개로 좋은 관계를 맺어 사전에 리스크를 관리하기 위해서다. 환경 문제를 제대로 취재, 보도하기 위해서는 이런 공생 관계를 단절해야 한다.

살아지구가 비영리 독립언론이라는 형태를 취한 이유는 '돈의 논리'에서 벗어나기 위함이다. 현재 일어나는 많은 환경 문제는 기성언론 입장에서 볼 때 '핫'한 이슈는 아니다. 너무 오래 지속된 문제이기도 하고, 너무 복잡한 사안이기도 하고, 종종 법정 공방으로 이어지기도 한다. 이에 비해 독자 주목도가 낮다. 언론사 입장에서 보면 '경제성 없는' 분야다.

살아지구는 언론이 이런 돈의 논리에서 벗어나 정확한 정보를 전달함으로써 당면한 환경 문제를 해결해야 한다는 신념이 있다. 시민의 언론 후원 역시 '신념'으로 이뤄진다고 생각한다. 그래서 환경 문제는 시민 후원을 바탕으로 운영하는 독립언론이 가장 잘 다룰 수 있다는 결론에 이르렀다.

지속가능성 측면에서도 후원모델이 가장 적합하다고 판단했다. 환경 문제는 보통 장기적으로 진행되고 여러 사안이 복합적으로 얽혀있다. 데일리뉴스에 집중하는 기성언론은 이런 환경 이슈를 다루는 데 한계가 있기 마련이다. 이들에게 환경 분야는 보도자료나 집회, 기자회견 등이 있을 때 한 번 주목해보는 일회성 이슈 제공처에 불과하다. 환경 전문 언론은 이 분야에 전문성을 갖고 장기적으로 취재할 수 있는 시스템과 지속가능한 재정적 토대를 갖춰야 한다. 해당 매체의 신념에 공감하고 재정 지원을 하는 독자와 후원자의 존재가 필요한 이유다. 나는 환경 문제에 전문성을 갖추고 제대로 취재, 보도하는 독립 언론사에 기꺼이 후원을 할 수 있는 잠재력이 우리 사회에 있다고 생각했다.

뉴스쿨 1단계 수료 후, 2단계 과정인 '펠로우십'에 지원했다. 펠로우십을 앞두고 지원 기한 마지막까지 고민을 했다. 저널리스트로서 훈련이 더 필요하다고 느끼긴 했지만, 뉴스타파가 그간 보도한 환경 이슈와 내가 생각하는 환경 분야에 필요한 보도가 조금 다르다고 생각했기 때문이다.

펠로우십은 1년간 뉴스타파 뉴스룸에서 탐사보도 실무를 경험하고, 창업 기획안을 구체화하는 과정이다. 내가 참여한 2기 펠로우십의 경우 특정 팀에 소속되지 않고 각자 탐사보도 기획안을 내고 취재를 해서, 가능하면 보도까지 이어나가는 방식이었다. 취재와 병행해 매주 세미나도 진행했다. 격주로 한 주는 탐사보도 사례를 스터디해 공유하고, 한 주는 창업 기획안을 구체화했다.

내 경우 뉴스타파 펠로우십 과정 동안 내 이름으로 보도를 내보내는 가시적인 성과를 내지는 못했다. 이 때문에 심적으로 어려움을 겪기도 했다. 하지만 펠로우십은 꼭 필요한 과정이었다고 생각한다. 탐사보도 기획안을 내고 반려되는 경험을 여러 번 겪으면서, 스스로의 한계를 깨닫고 이를 극복하기 위해 노력했다. 어떤 보도를 세상에 내놓아야 하는가 고민을 끝없이 했다.

창업 기획안을 가다듬고 시장조사를 하는 동안에는 타깃 독자를 어떻게 설정할 것인가, 홍보 전략은 어떻게 짤 것인가, 뉴스타파함께재단 지원이 끝난 뒤에는 재원을 어떻게 마련할 것인가 등의 문제를 두고 끊임없이 고민을 했다. 그런 과정을 거치면서 '살아지구' 창간 목적을 명확하게 그릴 수 있었다. 주로 발생한 사실을 전하는 데일리뉴스와 달리, '보호할 대상을 명확히 한다'는 목적을 세웠다. 이는 앞으로 살아지구가 어떤 아이템을 발굴하고, 어떤 관점에서 보도해야 하는지 알려주는 나침반이 됐다.

도원결의

그렇게 1년의 준비 과정을 마치고 '살아지구'를 만들었다. 뉴스쿨 펠로우십 과정을 거친 뒤 독립언론을 창간하면, 함께재단에서 첫 1년간 운영비와 취재비 지원을 받는다. 살아지구는 2024년 10월 창간해 1년 동안 지원을 받았다.

창간 1주년을 앞두고 살아지구는 새 식구를 들였다. 제주도 지역언론사에서 노동과 환경 이슈를 주로 취재한 박소희 기자다. 뉴스쿨 펠로우 과정을 함께하면서 살아지구 창업 과정에 지원을 아끼지 않던 동료이기도 했다. 박 기자가 살아지구에 합류하기까지는 1년이라는 고민의 시간이 있었다. 가장 큰 이유는 살아지구의 지속가능성이었다. 나는 박소희 기자가 꼭 필요했지만 같이 하자고 적극적으로 제안을 하지 못했다. 안착 자체가 불확실한 독립언론의 길을 함께 걷자고 하기 힘들었다. 그러나 박소희 기자는 '잘 될 때까지 하겠다'는 내 의지를 확인한 뒤 합류를 결심했다. 그리고 적어도 10년은 같이 하기로 도원결의했다.

박 기자는 제주도에서 대규모 개발사업으로 인한 공동체 해체 과정을 직접 지켜본 '지역통'이다. 개발사업을 취재하면서 가장 가슴 아팠던 건 주민 간 갈등이었다고 한다. 눈앞의 보상금에 끌리는 주민과 오랜 삶의 터전을 지키려는 주민, 이들의 갈등이 깊어지면 마을 분위기가 흉흉해진다. 마을에서 한 식구처럼 지내던 이들이 적이 되고 외부에서 온 투기꾼이 마을을 점령한다. 문제는 개발 이익이 주민들에게 제대로 돌아가지도 않는다는 것이다.

박 기자는 마을 갈등의 근본적인 원인이 정보 불균형에 있다고 봤다. 개발업체와 관련 기관이 주민에게 정확한 정보를 충분히 제공하지 않은 상황에서, 매수된 마을 권력자의 말만 믿고 판단하는 주민이 많았기 때문이다. 박소희 기자는 권력과 자본이 의도적으로 감추는 진실을 파헤쳐 알리는 것이 저널리스트의 핵심 역할이라고 얘기한다. '모두가 정보를 제대로 제공받고 판단하게 한다'는 살아지구의 운영 목표와 궤를 같이한다. 혼자가 아닌 둘이 만들어가는 살아지구가 기대된다.

살아지구 가치를 실현하는 보도

'살아지구'는 '기후 위기와 생태 위기 시대에 사람과 자연이 소외되지 않게 모두가 알고 판단하도록 저널리즘의 임무를 다한다'는 목표를 세우고 창간 뒤 1년을 숨가쁘게 달려왔다. 단순히 환경 문제를 고발하는 것을 넘어, 그 문제가 우리 사회 불평등과 어떻게 연결되는지를 드러내고자 노력했다. 아직 갈 길이 멀지만 살아지구의 몇 가지 주요 보도를 소개한다.

당신이 숨 쉬는 공기는 안전합니까?

이제 미세먼지는 '그러려니 하고 몸에 달고 사는' 일상의 고질이 됐다. 나 혹은 가족을 불안하게 하고 삶을 위협하지만, 개별 행동만으로는 고쳐질 리 없고 극적인 변화도 가져오기 어렵다. 모두가 태산같이 걱정하지만, 적극적 움직임은 일어나지 않는 이유다. 그래서 미세먼지는 다른 환경 문제 대응과 닮아있다.

카이스트 인류세연구센터 전치형 교수는 저서 <호흡공동체>에서 미세먼지 대응에는 두 측면이 있다고 했다. '각자도생'과 '공동체'다. 공기는 우리 모두가 공유하는 것이지만, 깨끗한 공기를 영위하기 위한 행동은 두 가지로 나눠진다고 했다. 공기에 섞인 못된 물질로부터 자신의 폐를 보호하기 위해 마스크를 쓰거나 공기청정기를 켜는 것. '각자도생'으로 개인의 공기를 지키는 행위다.

두 번째는 다층적인데, 더 깊이 바라보며 대책을 마련하도록 숙의와 합의를 이뤄 '공동체의 공기'를 지키는 길이다. 가령 미세먼지 취약

계층을 보호할 수 있도록 사회적 방지 시스템을 만들고, 기업과 정부를 설득해 미세먼지를 줄이는 정책을 마련하는 것이다.

전치형 교수에 따르면, 우리 사회는 여전히 공기청정기를 구매하거나, 마스크를 쓰는 등 '각자도생' 차원의 대응에 머물러 있다. 전 교수는 미세먼지를 모두가 함께 숨쉬는 한국이라는 공동체가 겪는 '모두의 위기'이자 '공동의 위기'로 규정한다.

살아지구가 보도한 '숨의 격차, 미세먼지 속 아이들' 도입부다. 미세먼지는 이제 우리 일상에서 빼놓을 수 없는 건강 위협 요소다. 정부는 전국에 촘촘하게 측정망을 설치하고 실시간으로 정보를 제공한다고 말한다. 나는 과연 정보가 모두에게 공평하게 제공되고 있는지 의문을 가졌다. 정부가 제공하는 미세먼지 정보가 국민 모두의 건강을 보장할 만큼 충분하고 정확할까? 이 질문에 답하기 위해 취재를 시작했다.

살아지구가 특히 주목한 건 초등학교다. 미세먼지에 가장 취약한 계층인 어린이가 사는 지역에 '정확한 정보'가 제공되느냐를 따졌다. 어린이는 성인보다 호흡기가 미성숙하고 면역력이 약해 미세먼지에 더 취약하다. 또 학교라는 한정된 공간에서 오랜 시간을 보내기 때문에 학교 주변의 공기 질 정보는 아이들의 건강권과 직결된다.

취재 결과는 충격적이었다. 미세먼지 측정망 유효 범위 밖에 있는 초등학교가 전체 초등학교 중 무려 1/3로 나타났다. 정부가 설치한 측정기 한 대가 커버할 수 있는 범위가 한정돼 있기 때문이다. 즉 특정 지역 학교는 제대로 된 미세먼지 정보를 받지 못한 채 아이들이 오염된 공기에 노출될 위험에 처해있다는 의미다. 이러한 '정보 사각지대'는 결국 정보 접근성 차이로 이어져, 특정 지역 주민이 자신도 모르는 사이에 건강을 위협받는 '정보 불평등' 문제를 야기한다.

살아지구는 이러한 정보 격차 실태를 단순히 고발하는 데 그치지 않았다. 국립환경과학원의 미세먼지 측정망 설치 및 운영 규정, 환경부의 미세먼지 관련 정책 자료를 심층 분석하고, 전국 초등학교 위치 정보와 측정망 데이터를 결합하여 지도상에 시각화했다. 이를 통해 어느 지역의 어떤 학교가 정보 사각지대에 놓여있는지 명확하게 보여줬다. 또한 해당 학교 관계자 및 학부모와 현장 인터뷰를 해 실제 교육 현장에서 겪는 어려움과 우려의 목소리를 생생하게 담아냈다. 일부 학교에서는 자체적으로 고가의 간이 측정기를 설치하거나, 학부모들이 자발적으로 미세먼지 농도를 확인해 등하교를 결정하는 등 '각자도생'의 노력을 하고 있었으나, 이런 결정이 과연 '정확한 정보'에 의한 것인지 따져볼 필요가 있다.

이 보도는 기후위기 시대에 '알 권리'가 곧 '건강권', '생명권'과 직결된다는 것을 보여주려는 노력에서 나왔다. 깨끗한 공기를 마실 권리는 기본권이며, 이에 대한 정확한 정보를 아는 것은 건강을 지키기 위한 필수 전제다. 살아지구는 이 보도를 통해 정부가 미세먼지 정보 제공 시스템을 전면 재검토하고, 정보 사각지대에 놓인 어린이와 주민의 건강권을 적극적으로 보호하기 위한 실질 대책을 마련해야 함을 촉구했다. 단순히 미세먼지 농도 수치 공개를 넘어, 모든 국민이 공평하고 정확한 정보를 바탕으로 스스로의 건강과 안전을 지킬 수 있도록 사회 시스템을 구축해야 한다는 점을 역설했다.

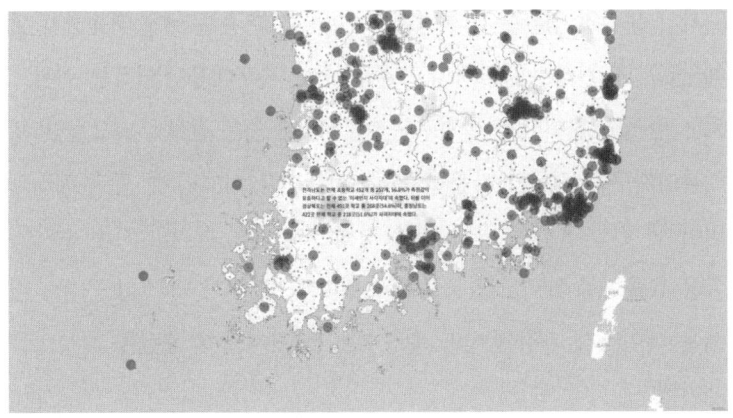

살아지구 창간과 함께 내놓은 첫 보도 '숨의 격차, 미세먼지 속 아이들' 기사 내용 중, 미세먼지 측정기 위치와 측정값 유효 범위를 표시한 지도다.

녹색 옷을 입은 토건사업

전환 / 탐사보도

이름 무색한 기후대응댐, 울산시가 회야강댐을 원하는 진짜 이유

임병선
2025년 4월 18일 · 읽는 데 18분

내란 우두머리 혐의자 윤석열은 탄핵됐지만, 윤석열표 기후 정책인 환경부의 '기후대응댐'은 현재 진행형이다. 윤석열이 떠난 후에도 자리를 지키고 있는 김완섭 환경부장관과 공무원들은 기후대응댐 건설을 완수하겠다는 방침을 고수 중이다. <살아지구>는 환경부의 기후대응댐이 정말 '기후대응'이라는 목적에 맞는지 보도한다.

회야강댐은 윤석열 정부가 추진한 기후대응댐 확정지 9곳 중 하나다. 울산광역시 울주군 웅촌면에 위치한 회야댐에 수문을 새로 설치하는 사업이다. 현재 회야댐은 별도의 수문 없이 수로를 통해 물이 넘치는 방식으로 운영 중이다.

과거 윤석열 정부는 기후변화로 인한 물 부족 문제에 대응하기 위해 신규 댐 건설이 필요하다고 주장하며 '기후대응댐'이라는 이름으로 사업을 추진했다. 살아지구는 이 주장에 숨은 진실을 파고들었다.

살아지구는 전문가 자문을 통해, 기후변화 시대의 물 관리 패러다임이 댐 건설과 같은 공급 위주 정책에서 수요 관리와 기존 수자원 활용 효율화로 바뀌고 있음을 확인했다. 또 정부가 댐 건설 근거로 내세운 데이터가 과장됐거나, 특정 의도를 가지고 왜곡됐을 가능성을 제기했다.

울산광역시 울주군 웅촌면에 위치한 회야강댐에 수문을 새로 설치하는 사업은 윤석열 정부가 추진한 기후대응댐 확정지 9곳 중 하나였다. 환경부는 기후변화로 인한 홍수와 가뭄에 대비하기 위해 회야강댐을 건설한다고 밝혔다. 하지만 취재 결과, 울산시가 이 사업을 추진하는 진짜 목적은 기후대응이 아닌 '사연댐 수위 저하에 따른 물 확보'인 것으로 드러났다. 울산시는 시의회에 회야강댐 사업의 진짜 목적이 '사연댐 수위 저하에 따른 물 확보 방안'이라고 보고했으며, 환경부가 기후대응댐으로 선정하기 전부터 수문 설치와 댐 증설을 포함한 회야강댐 재개발을 검토해왔다.

회야강댐 사업으로 확보하는 홍수 조절 용량 810만 톤은 2016년 태풍 차바급 폭우가 쏟아질 경우 단 1시간 만에 가득 찰 것으로 계산되었다. 비가 올 때 댐이 차는 속도는 강수량, 댐으로 물을 유입시키는 땅 면적, 댐 용량, 댐에 유입되는 물의 비율 등 네 가지 요소가 작용한다. 회야강 유역에 내린 비의 51%가 강으로 모이며, 이는 환경부가 낙동강 유역의 물 이동을 조사한 평균값이다. 울산시는 태풍 차바 당시 강수량(시간당 125mm)을 기준으로 회야강댐 사업이 필요하다고 주장하지만, 실제 홍수 조절 능력은 제한적이다. 회야강댐 사업은 100년 빈도의 홍수에 대비하는 댐이지만, 차바 당시의 강수량은 300년 빈도로 평가받는다.

하천 유역 수자원 관리 계획은 기후대응댐의 법적 근거였으나, 감사원 감사 결과 '필요 없는 법정 계획'으로 밝혀졌다. 또 환경부가 기후대응댐 건설을 위해 상위 계획 없이 하위 계획을 수립했다고 지적했다. 환경부는 '주민 공감대'를 강조했지만, 실제로는 주민 의견을 전혀 신경 쓰지 않는다는 것이 드러났다.

살아지구는 이 보도로 기후변화를 명분으로 삼아 오히려 생태계를 파괴하고, 미래 세대에게 부담을 전가하는 '그린워싱 Greenwashing' 위험성을 경고했다.

투명한 독, 발전소 배출 물질 추적

원자력발전소나 화력발전소는 냉각수로 사용한 뒤 뜨거워진 물을 그대로 바다에 버린다. 이런 온배수로 인해 부산 기장, 전남 영광, 충남 서산, 인천 등 전국의 해안 지역에서 어민들이 심각한 피해를 입어 왔다. 오랜 기간 온배수가 일으킨 문제는 주로 '열'이라는 물리적 요인에 한정해 논의되었으며, 모든 보상과 분쟁 역시 온배수가 해수 온도를 상승시키는 효과에만 근거했다.

그러나 살아지구는 온배수 관련 새로운 문제를 제기하며, 바다에 남는 화학물질의 위험성을 집중적으로 파헤쳤다. 핵심은 우리가 흔히 살균 소독제로 사용하는 락스의 주성분인 차아염소산나트륨이다. 발전소들은 냉각시스템 내부에 해양 생물 부착을 막기 위해 염소계 소독제를 사용하는데, 이 소독제 성분은 온배수와 함께 바다로 배출된다.

살아지구는 온배수 속에 숨은 소독제 이야기를 영흥화력발전소 인근 섬에서부터 시작했다. 먼저 굴이 사라진 인천의 섬들을 다루며 눈에 보이지 않는 오염 실태를 고발했다. 이어지는 보도에서는 소독제로 오염된 한국 바다 상황을 조명하고, 유해물질을 제대로 관리하지 않는 현재의 제도적 허점을 '공범'으로 지목했다. 단순히 발전회사의 책임을 묻는 것을 넘어, 국가 차원의 환경 관리 시스템에 근본적인 질문을 던졌다.

온배수 심층 취재는 대이작도의 한 어촌계장이 살아지구 취재진에게 던진 한 마디에서 시작되었다. 온배수 문제로 발전소와 오랫동안 대립해오던 그 어촌계장은 "발전소가 전기 분해로 따개비를 제거한다고 했다"고 말했다. 이 말은 발전소가 자체적으로 소독제를 생산하여 사용하고 있음을 시사하는 힌트였고, 살아지구는 온배수 속 소독제의 비밀을 본격적으로 추적하기 시작했다. 어민들은 정확히 알 수 없던 온배수 속 유해물질의 존재와 그 경로는 지금도 계속 취재하고 있다.

이들 보도는 살아지구가 추구하는 탐사보도의 성격을 명확하게 보여준다. 살아지구는 앞으로도 기후 위기, 생태 위기라는 담론 뒤에 가려진 개인의 고통과 사회구조적 불평등을 끈질기게 들춰내는 보도를 꾸준히 이어나갈 것이다. 특히 눈에 보이지 않는 환경오염의 진실을 과학적 데이터와 현장 취재를 결합해 밝혀내고, 이를 통해 사회 전반에 걸쳐 더 깊은 논의와 실질적인 변화를 이끌어내는 데 기여하려고 한다.

불만이라는 에너지

살아지구를 운영하면서 '왜 이런 일을 하는가'라는 근원적 질문을 많이 받는다. 창간 전에 받은 질문 하나가 기억난다. '무엇으로부터 독립인가'라는 질문인데, 쉽게 답을 하지 못했다. 흔히 자본과 권력으로부터 독립이라고 거창하게 말하긴 하나 이 사회 구성원인 이상 여기서 완전히 멀어지긴 어렵다. 하다못해 공공기관에서 쉽게 주지 않는 자료를 얻으려면 권력자인 국회의원과 협력을 해야할 때도 있지 않은가.

진공상태 같은 완벽한 독립은 현실적으로 불가능하다. 무엇으로부터 독립이냐는 질문에 지금은 이렇게 답하고 싶다. 최소한 돈과 힘의 논리보다 사람들의 올바른 신념에 바탕하는 매체가 독립언론이라고.

기자의 일은 단순히 기사를 쓰는 것에서 끝나지 않는다. 특히 살아 지구처럼 과학적 사실에 근거한 보도를 지향하는 매체는 최전선에서 연구하는 과학자와의 만남이 무엇보다 중요하다. '현재 한국 과학자들은 기후와 생태 위기를 해결하기 위해 무엇을 하고 있을까?' 이 질문은 나의 가장 큰 관심사 중 하나다. 그래서 기사화 여부와 상관없이, 최대한 많은 과학자를 만나 그들의 연구와 고민을 들으려고 노력한다.

카이스트KAIST 인류세연구센터의 한 젊은 연구자와 나눈 대화가 마음에 남는다. 인류세Anthropocene는 인류의 활동이 지구 환경을 극적으로 변화시켜 형성된 새로운 지질시대를 뜻하는 용어다. 인류세 연구는 인류가 지구에 어떤 흔적을 남겼고, 어떤 찌꺼기가 발생해서 누가 피해를 보는지 살피는 연구다. 그와 인류세라는 개념을 인터뷰하던 중 나온 말이 인상적이었다.

"기자님도 그렇고 저희처럼 이런 연구를 하는 사람들도 그렇고, 결국 우리가 하는 일은 인간이 지구와 맺어온 지난 관계에 대한 깊은 '불만'에서 시작하는 거라고 생각해요."

'불만'. 나는 그때까지 독립언론을 사명감, 책임감, 혹은 저널리즘적 가치 실현 같은 거창한 단어로 규정해왔다. 그런데 불만이라는 말이 내가 이 일을 하는 근원적인 부분을 정확히 꿰뚫었다. 나는 사람과 자연의 상호작용에서 생기는 피해가 주로 사회적 약자에게 전가되는 부조리한 현실에 늘 '불만'을 가졌다. 환경 문제를 더 잘 보도하지 못한 과거를 향한 안타까움도 있었다. 그게 살아지구라는 독립언론을 창간하고 운영하는 근원적인 이유라고 생각한다.

그 연구자와의 대화 이후 '불만'이라는 개념은 더 나은 세상을 꿈꾸게 하는 건강한 에너지라고 믿게 됐다. 그의 통찰력 있는 한마디는 내가 왜 이 일을 하는지를 다시 한 번 되새기게 하고, 앞으로 나아갈 나침반이 되었다.

나는 '일하지 않는 개미' 이야기를 좋아한다. 일본의 한 곤충학자가 개미 무리를 연구하다가 다른 일개미와는 달리 열심히 일하지 않는 것처럼 보이는 개미를 발견한다. 동료들의 길을 따라가지 않고 새로운 곳을 찾는 개미였다. 통상적 시각으로 보면 무리에 도움이 되지 않는 '쓸모없는' 개미지만, 곤충학자는 다른 측면을 봤다. 이 '이상한' 개미가 새로운 길을 찾음으로써 기존에 먹이를 찾던 루트 말고 새로운 루트를 발견한다는 것이다. 어쩌면 살아지구를 비롯한 독립언론은 한국 언론계에 새로운 루트를 찾는 그 개미들인지도 모른다.

실존적 고민

살아지구는 100% 독자 후원으로만 운영하려 한다. 내가 가장 자랑스럽게 생각하는 원칙이자, 권력과 자본으로부터 흔들리지 않고 독립성을 지킬 수 있는 유일한 방법이라고 생각한다. 후원금은 단 1원도 허투루 쓰지 않고, 오직 현장 취재비, 서버 운영비 등 반드시 필요한 활동에만 사용한다.

살아지구는 인터넷매체로 등록돼있고, 동명의 비영리임의단체가 이를 운영하는 방식이다. 보통 언론사는 기업 혹은 영리법인이 운영한다. '비영리단체'라는 건 돈을 벌지 않는다는 뜻이 아니라, 번 돈을 주주나 이해관계자가 가져가지 않고 모두 해당 단체를 운영하는 데 다시 투입하는 조직 형태다.

창간 첫 1년은 뉴스타파함께재단 지원 덕분에 재정 걱정 없이 취재에만 몰두할 수 있었다. 하지만 지원이 종료된 지금은 '완전한 독립'을 이뤄야 하고, 살아지구라는 작은 동동배를 먼 바다로 내보내야 한다. 솔직히 말하자면 아직 정기후원자 수가 많지 않아 재정적으로 매우 어려운 상황이다. 한분 한분의 소중한 후원이 생명수와 같다. 하지만 안정적인 운영을 꾸려나가기에는 턱없이 부족한 것이 사실이다. 매달 다음 달 운영을 걱정해야 하는 현실 속에서, 지속가능성 고민은 날마다 깊어진다.

하지만 쉽게 포기하지 않으려 한다. 재정적 어려움이 우리가 가고자 하는 길을 막아서는 안 된다고 믿기 때문이다. 현재로서는 회원 수를 늘리는 것이 가장 시급한 과제이지만, 동시에 다른 방안도 다각도로 모색하고 있다. 정부나 기업 지원이 아닌, 우리의 독립성을 해치지 않는 선에서 재정적 기반을 마련할 수 있는 새로운 모델을 찾기 위해 노력 중이다. 다른 부업을 통해서라도 '살아지구'를 유지해야 한다는 각오도 하고 있다. 돈이 없어 진실을 말하지 못하는 언론이 돼서는 안 되기 때문이다. 조금 더디게 가더라도, 조금 더 힘들더라도, 우리는 후원회원과 함께 이 길을 계속해서 걸어가고 싶다. 살아지구의 재정적 독립은 곧 우리가 지키고자 하는 저널리즘의 가치, 그 자체다. 독자 여러분의 많은 관심과 응원을 부탁드린다. 물론 살아지구가 더 노력할 것이다.

같은 꿈을 꾸는 당신에게

회원 참여

비영리 독립언론에게 후원회원은 단순히 금전 후원자를 넘어, 매체 존재 이유이자 든든한 동반자다. 따라서 체계적인 회원 관리는 매체 운영의 핵심이라 할 수 있다. 살아지구는 후원 CMS$^{Cash\ Management\ Service}$ 혹은 MRM$^{Member\ Relationship\ Management}$이라고 불리는 프로그램을 통해 회원 정보를 관리하고 후원금을 받는다. '휴먼소프트웨어'라는 회사의 MRM 프로그램을 사용하는데, 이 프로그램을 선택한 가장 큰 이유는 '비영리 임의단체'도 PG$^{Payment\ Gateway,\ 결제대행}$사와 계약하여 후원금 결제 시스템을 구축할 수 있다는 장점 때문이다. 보통 PG사 계약은 사업자등록이 된 단체만 가능한 경우가 많은데, 휴먼소프트웨어는 스타트업의 어려움을 해결해줄 선택지였다.

하지만 실제로 프로그램을 사용하면서 몇 가지 아쉬운 점도 발견했다. 휴먼소프트웨어 MRM은 기본적으로 윈도우 운영체제에 설치해서 사용하는 프로그램 기반이다. 클라우드나 웹 기반이 아니기 때문에, 나처럼 사무실 외에 현장이나 집 등 여러 장소에서 업무를 하는 경우 다소 불편함이 따랐다. 또 관리자 계정이 1개만 제공되어 여러

명이 동시에 접속해 업무를 처리하는 데에도 한계가 있다.

최근에는 더 유연하고 편리한 웹 기반 후원 관리 솔루션도 많이 등장했다. 만약 다시 처음으로 돌아간다면, 조금 비용이 들더라도 우리 업무 환경에 더 적합한 클라우드 기반의 서비스를 고려해볼 것 같다.

회원 관리 시스템은 단순히 돈을 받는 도구가 아니라, 우리를 지지해주는 분들과 소통하고 관계를 맺는 중요한 창구다. 따라서 독립언론 창업을 준비하는 분이라면 단순히 초기 비용이나 계약 조건 뿐만 아니라, 실제 운영 환경에서의 편의성, 확장성, 데이터 관리 용이성 등을 종합적으로 고려하여 신중하게 선택하기를 권한다. 이는 장기적인 관점에서 운영 효율성을 크게 좌우하는 중요한 결정이 될 것이다.

반드시 해야 할 것

독립매체를 창업하고 지난 1년간 '살아지구'를 운영하면서, 매일 수많은 선택과 결정의 순간에 놓였다. 그 과정에서 얻은 몇 가지 중요한 깨달음이 있다. 반드시 목표를 명확하게 해야 한다. 이는 어쩌면 나 스스로에게 끊임없이 되뇌는 다짐과도 같다. '살아지구' 보도가 깔고 있는 목적은 '기후 위기와 생태 위기로부터 평등이라는 가치를 보호하는 것'이다.

펠로우십 과정에서 이 목표를 설정하기까지 정말 많은 고민의 시간이 필요했다. 하지만 일단 목표가 명확해지고 나니, 이후 과정이 한결 수월해졌다. 어떤 아이템을 취재해야 할지, 어떤 관점으로 접근해야 할지, 심지어 어떤 단어를 선택해야 할지 고민될 때마다 이 목표가 항상 중심을 잡아줬다.

솔직히 말해 지난 1년 동안 당장 눈에 보이는 성과가 나지 않아 조바심이 났던 순간이 많다. 구독자 수가 생각처럼 늘지 않을 때, 어렵게 쓴 기사가 별다른 반향을 얻지 못할 때면 '내가 과연 잘하고 있는 걸까?'라는 회의감에 휩싸이기도 했다. 그럴 때마다 나는 목표를 다시 떠올린다. 오랫동안 관심을 받지 못한 분야의 문제가 내 보도 하나로 갑자기 돌풍을 일으킬 거라는 착각을 하지 말자는 마음, 오래 살아남아서 원래 목적을 기억하자는 마음을 다잡는다. 나는 살아지구가 언젠가는 사람들의 마음을 움직이고, 세상을 바꾸는 작은 씨앗이 될 것이라고 믿는다. 만약 뚜렷한 목표 없이 그저 '환경 문제를 다루는 언론'이라는 막연한 생각만으로 시작했다면, 아마 벌써 지쳐 쓰러졌을지도 모른다.

이 글을 읽는 독자 여러분도 독립언론 창업에 뜻이 있다면 다양한 형태의 위기와 회의의 순간이 올 것이다. 외부의 비판, 내부적 갈등, 예상치 못한 난관이 '이 길을 계속 가야 하는가?'라는 근원적인 질문을 스스로 하게 만든다. 이때 처음 세운 명확한 비전과 사명이 중심을 잡아준다. 이 가치는 단순히 표어에 그치는 것이 아니라, 모든 의사결정의 기준이 되고, 힘든 시기에 스스로를 지탱해주는 정신적 버팀목이 된다. 왜 이 일을 시작했는지, 무엇을 위해 존재하는지를 잊지 않는다면 어떤 어려움 속에서도 길을 잃지 않을 수 있다.

반드시 피해야 할 것

스스로를 갉아먹는 '조바심'을 피해야 한다. 나는 늘 나 자신에게 조바심을 버리자고 얘기한다. 같은 비영리 독립언론으로 인천경기지역 전문매체인 '뉴스하다'처럼 비교적 짧은 시간 안에 안정적인 궤도에 오른 매체를 보면, 부러운 마음과 함께 조급한 마음이 드는 것을 숨길 수 없다. 하지만 나는 스스로에게 계속해서 말한다. '언론이라는 업의 본질은 사람들의 신뢰를 얻는 것이고, 신뢰는 결코 단기간에 쌓을 수 없다'고 말이다. 나처럼 취재 경력이 오래되지 않은 사람이 갑작스럽게 신뢰를 얻을 수 없다는 사실을 인정하고 있다.

특히 살아지구처럼 대중의 관심이 즉각적으로 쏠리지 않는 주제를 다루는 언론에게는 독자 반응이 더딜 수밖에 없다. 사람들에게 기후와 생태 위기 심각성을 알리고, 그것이 '나의 문제'임을 깨닫게 하는 데에는 훨씬 더 긴 시간과 꾸준한 노력이 필요하다. 게다가 환경 문제는 누군가 돈을 빼돌린 사건처럼 가시적이지 않다. 피해를 증명하는 데 오랜 시간이 걸릴 수 있다. 단거리 경주가 아니라 끝이 보이지 않는 마라톤과 같다. 길게 보고 묵묵히 독립언론의 길을 가야 한다.

물론 그 긴 시간을 버텨낼 수 있는 최소한의 재정적 기반과 지치지 않는 체력이 뒷받침돼야 한다. 현실적으로 매우 어려운 과제라는 것을 잘 알고 있다. 그렇기에 조바심은 스스로를 지치게 하고, 길을 잃게 만드는 가장 큰 적이라는 사실을 잊지 않으려 한다. 단기적인 성과에 연연하지 않는 것은 전략적으로도 필요하다.

'함께'의 힘

혼자 모든 것을 감당하기는 매우 힘들다. 나는 본래 혼자 일하는 것이 편하다고 생각하는 사람이었다. 그러나 살아지구를 1인 매체로 시작했을 때 생각보다 더 큰 어려움에 직면했다. 특히 탐사취재를 하면서 행정, 후원회원 관리도 동시에 해야 했기에 집중력이 흐려지기도 했다. 또 미래에 대한 불안감 같은 사소한 고민을 나눌 동료가 없다는 것이 가장 큰 어려움으로 다가왔다.

서로 의지하고 함께 고민을 나누며 시너지를 낼 좋은 동료가 있다면 훨씬 더 멀리, 즐겁게 갈 수 있다. 당연한 말이지만 인적 구성을 충분히 고민해보는 것이 좋다. 단순 업무 분담을 넘어 정신적인 지지대가 되어주고, 새로운 아이디어를 함께 발산하며 어려움을 극복하는 과정에서 서로에게 힘이 되어줄 동반자의 존재는 비영리 독립언론 운영에 필수다.

다양한 분야의 전문가나 뜻을 같이 하는 활동가와 협업 가능성을 모색하고, 느슨하더라도 상호 교류할 수 있는 네트워크를 구축하는 것이 중요하다. 살아지구의 경우 창간 1주년 시점에서 한 명의 저널리스트를 추가 영입했다. 매체가 추구하는 바를 함께할 수 있는 동료를 일찍부터 찾기를 추천한다.

비영리민간단체로

창업까지 시간 여유가 있다면, 미리 홈페이지나 블로그를 만들어 가벼운 콘텐츠라도 꾸준히 올리면서 활동 기록을 쌓아서 '비영리민간단체'로 등록한 후 시작하는 것이 좋다. 비영리민간단체가 되면 각종 프로그램 무료, 할인 혜택을 받기 훨씬 수월하다. 또한 네이버 해피빈이나 카카오 같이가치 같은 공익 펀딩 사이트에 프로젝트를 등록해 부수적인 수입원을 확보할 수도 있어 초기 재정 안정에 도움이 될 것이다.

'비영리민간단체'는 '비영리 임의단체'보다 등록 절차가 조금 더 까다롭고 요구하는 서류가 많을 수 있지만, 장기적인 관점에서 보면 훨씬 더 많은 기회와 안정성을 제공한다. 공공기관이나 기업의 사회공헌 활동과 연계될 가능성도 높아지며, 대외적인 신뢰도 높아져 후원자 모집에도 유리할 수 있다. 관련 법규와 절차를 미리 숙지하고 전문가의 도움을 받는 것도 좋은 방법이다.

혜택 활용

어도비Adobe는 비영리단체에 크리에이티브 클라우드 프로그램을 매우 저렴한 가격에 제공하며, 구글은 'Google for Nonprofits' 프로그램을 통해 구글 워크스페이스를 무료로 지원한다. 이런 툴은 콘텐츠 제작과 협업 효율성을 크게 높여주므로 신청해서 활용하면 좋다. 구글 워크스페이스의 비영리 전용 라이선스를 업그레이드하면 구글의 생성형 AI 서비스인 제미나이Gemini 유료 버전을 사용할 수 있다. 비영리조직을 위해 높은 할인율을 제공한다. 민간단체일 경우 테크숩코리아에서 더 다양한 지원 프로그램을 찾을 수 있다. 특정 소프트웨어 할인 혜택, 클라우드 스토리지 지원, 혹은 비영리조직을 위한 교육 프로그램 등도 있다.

이런 혜택들은 초기 자금 부담을 줄이고 운영 효율성을 극대화하는 데 결정적인 역할을 한다. 각 플랫폼이나 서비스 제공 업체 웹사이트를 주기적으로 확인하거나, 비영리단체 지원 관련 커뮤니티에 참여해 정보를 얻는 것이 중요하다. 작은 혜택이라도 놓치지 않고 적극적으로 활용하는 자세가 장기적인 운영에 도움이 된다.

현장을 지키자

이제 살아지구의 물리적 공간, 즉 사무실에 대한 이야기를 하고자 한다. 독립매체 창간을 결심했다면 먼저 어떤 사무실을 얻을지 고민할 것이다. 살아지구 사무실은 서울이 아닌 대전에 있다. 많은 분이 왜 대전에 자리를 잡았는지 궁금해한다. 대전을 근거지로 삼은 데는 나름의 철학이 있다.

대한민국의 많은 언론사가 서울에 집중돼있다. 물론 수도 서울이 정보 중심지라는 특성은 무시할 수 없다. 주요 취재원도 서울에 모여있다. 하지만 기후와 생태 문제 '현장'은 서울에만 있지 않다. 오히려 지역 곳곳에 숨어있는 경우가 많다. 새로운 댐 건설로 수몰 위기에 처한 전라남도 마을, 발전소 온배수로 신음하는 인천과 부산의 바다 등 모든 곳이 살아지구가 가야 할 취재 현장이다.

대전은 지리적으로 국토 중심에 위치해 전국 어디든 빠르게 달려갈 수 있다는 장점이 있다. 살아지구는 '전국을 커버하겠다'는 마음가짐으로 대전에 둥지를 틀었다. 이는 단순히 물리적 이동의 편리함만을 의미하지 않는다. '서울 중심주의'라는 익숙한 관성에서 벗어나, 지역의 목소리에 더 귀 기울이고, 지역 문제를 중앙 의제로 끌어올리겠다는 다짐이기도 하다. 만약 창업을 준비하는 당신이 '현장'의 가치를 무엇보다 중요하게 생각한다면, 서울이 아닌 다른 지역을 거점으로 삼는 것을 진지하게 고려해볼 필요가 있다. 그곳에서만 볼 수 있고 들을 수 있는 이야기가 분명히 존재한다.

데이터와 친해지자

살아지구는 단순한 정보 전달을 넘어, 데이터를 직접 생산하고 분석해 진실을 드러내는 언론을 지향한다. 이러한 목표 아래, 발전소 온배수 배출 물질 추적 프로젝트를 진행하고 있다. 기존 언론에서 다루지 않던 온배수 문제의 숨은 측면인 '화학물질' 문제를 집중적으로 파고들며, 현장에서 직접 데이터를 수집하고 분석하여 문제의 본질을 밝히는 데 주력한다.

이 프로젝트는 발전소가 냉각수로 사용하고 버리는 온배수 속 소독제, 즉 차아염소산나트륨이 해양 생태계에 미치는 영향을 세상에 알리는 것을 목표로 한다. 그동안 온배수 문제는 주로 수온 상승으로 인한 어민 피해에 한정해 논의됐다. 그러나 살아지구는 어민 제보를 시작으로 발전소의 전기분해를 통해 생성되는 소독제의 존재를 추적했다. 새롭게 드러난 문제라 기존에 축적된 데이터가 거의 없었다. 그래서 현장에서 직접 측정하는 방식을 채택했다. 환경 관련 데이터가 부족한 이상, 적극적으로 데이터를 수집하는 역할을 하는 언론으로 거듭나려는 시도다. 다만 직접 측정 방식이기 때문에 과학적인 근거를 더 보완할 필요가 있다. 예를 들어 직접 측정을 하더라도 신뢰도 있는 기관의 명확한 지침을 바탕으로 정밀한 절차를 준수하는 방법 등을 고려할 수 있다.

이 프로젝트는 살아지구가 추구하는 탐사보도 핵심 가치와 밀접하게 관련된다. 살아지구는 직접적인 데이터 생산과 현장 취재를 통해 기존 프레임을 깨고, 문제의 근본 원인을 파헤치며, 이를 통해 사회에 필요한 변화를 이끌어내고자 한다. 앞으로도 우리는 이와 같은 직접 측정 프로젝트를 통해 환경 문제의 숨은 진실을 밝히고, 불평등한 현실을 고발하는 데 앞장설 것이다.

살아지구는 작은 신생 언론이다. 가야 할 길은 멀고, 넘어야 할 산과 헤쳐나갈 바다도 많다. 하지만 우리는 인간과 자연이, 그리고 사람과 사람이 더 평등하고 조화로운 관계를 맺는 세상을 꿈꾸며 묵묵히 나아갈 것이다. 우리의 서툰 걸음이 세상을 바꾸는 거대한 흐름에 작은 물결이 되기를 간절히 바란다. 이 기록이 우리와 같은 꿈을 꾸는 또 다른 후발주자에게 용기와 영감이 되기를 바란다.

06

법정 정의를 감시하다

COURT WATCH

법조 보도의 틀을 깨다

코트워치 Courtwatch 는 '소송 관계자(피고인·피해자)를 지원하기 위해 재판을 방청하다'라는 뜻을 가진 단어다. <코트워치>는 시민에게 필요한 법원 콘텐츠를 만드는 비영리 독립언론이다. 2023년 10월 김주형, 최윤정 두 기자가 문을 열었다. 뉴스타파저널리즘스쿨 1단계 탐사보도 교육과 2단계 펠로우 과정을 거쳐 코트워치 창간으로 이어졌다.

코트워치는 지난 2년간 사회적참사 재판(이태원 참사·오송 지하차도·아리셀 화재·과천 방음터널 화재·부천 화재 등), 산업재해 재판(SPL 사망사고·에쓰오일 폭발 사고 등)을 주로 취재했다. 대통령 탄핵 심판을 정리한 '재판 업데이트' 페이지, 정치인 선거범죄 데이터 분석 기사 등 기존 언론과는 다른 방식의 재판 보도를 시도해왔다.

매주 코트워치 기자들이 주목한 법원 이슈가 담긴 뉴스레터도 발행한다. 코트워치 웹사이트 c-watch.org 를 통해 구독 가능하다.

코트워치 웹사이트 c-watch.org

　코트워치 소개 페이지 첫 줄에는 '법조 보도의 틀을 깨다'라는 문장이 있다. 코트워치는 기성언론이 법원 재판을 다루는 방식에 문제의식을 갖고 만들었다. 대다수 언론이 재판 전 단계인 '수사 과정'에 집중해 사건을 보도한다는 점, 재판을 보도하더라도 판결에 중점을 둔다는 점에 주목했다. 코트워치는 그 사이에 비어있는 공백을 채우기 위해 '한 사건 재판의 1심부터 최종심까지 따라간다'는 원칙을 정했다. 재판 과정에서 공개되는 주요 증언, 관련 문서 등을 취재해 사건의 실체에 다가가는 보도를 하고자 했다.

　코트워치를 만든 두 사람은 매체 창간 전까지 취재 경험이 거의 없었다. 뉴스쿨을 통해 탐사보도 기본 개념과 보도물 한 편이 만들어지는 과정을 배웠지만, 기자로서의 경험과 지식은 풍부하지 않다. 창간 직후 우리의 '경험 없음'과 '무지함'을 무기로 삼을 방향을 고민해야 한다는 조언을 들었다. 법원 출입기자단에 속하지 않은 법조기자라는 점, 법조인과의 인적 네트워크가 전무한 법조매체라는 점은 우리가 뛰어넘어야 하는 장애물이면서, 동시에 우리가 가진 차별점이기도 했다.

아무도 하지 않는 일

사건 이후

코트워치는 초기부터 '아무도 하지 않는 일', '아무도 들여다보지 않는 사건'을 찾고자 했다.

재판 처음부터 마지막까지 빠짐없이 법정을 지키는 일은 거의 대부분의 기자가 하지 '않는' 일이었다. 코트워치를 만든 이후에 알게 된 것이지만, 재판 취재는 그 중요성과는 별개로 '효율이 떨어지는' 취재 방식이다. 재판이 몇 달 넘게 진행돼도 중요한 증언이 나오지 않을 수 있고, 재판부에 제출되는 주요 증거 기록 원문을 확보하기도 어렵다. 무엇보다 사건 발생 이후 몇 달 혹은 몇 년이 지난 시점에 독자들이 재판 내용을 알아야 하는 이유가 무엇인지 답하기 어려웠다. 이를 해결하고 보완하기 위한 방안은 아직도 찾는 중이지만, 코트워치는 사건 이후, 사건을 통해 우리 사회가 바뀌어야 하는 지점까지 나아가는 보도를 하나의 지향점으로 둔다.

'아무도 들여다보지 않는 사건'을 취재하기 위해 2024년 상반기에는 전국 법원에서 동시다발적으로 재판 중인 여러 건의 사건을 모아 하나의 프로젝트로 기획하기도 했다. 몇 달의 취재를 거쳐 '익명의 협박자들(온라인 살인 예고 사건)' 시리즈와, '그림자 아기(영아 살해 사건)' 기사를 냈다. 판결문 열람 서비스를 통해 1심 사건번호 등 재판 정보를 확보했고, 수원, 청주, 울산, 광주, 제주 등 재판이 열리는 법원을 찾아가 취재했다. 사건 당사자 이외에는 아무도 없는 조용한 법정에서 재판을 방청하면서 독자에게 전해야 하는 이야기가 무엇인지 고민하던 기억이 난다.

시민에게 필요한 법원 콘텐츠

'법정 내의 이야기를 바깥으로 전하겠다'는 콘셉트로 시작한 코트워치는 지난 2년 동안 크고 작은 변화를 겪었다.

우리의 지난 회의록 내용을 보면 코트워치가 미디어로서의 정체성을 형성함에 있어서 중요하게 다룬 주제가 변화해온 것을 알 수 있다. 창간 후 1년 동안은 코트워치가 하는 일 자체의 의미에 집중했다. '재판을 취재해 전하는 것'이 사회에 어떤 영향을 줄 수 있는지, 법원이라는 공간은 시민에게 어떤 의미인지, 재난·참사를 구체적으로 알리는 일이 만들 수 있는 변화는 무엇인지 등을 논의하고 하나의 답을 찾고자 했다.

창간 1년이 지난 시점을 전후로 고민의 대상이 '독자'로 옮겨왔다. 코트워치 후원회원, 뉴스레터 구독자, 소셜미디어 팔로워 등 독자 그룹과의 관계가 코트워치를 만들어가는 데 가장 중요한 지점으로 다가왔다. 일방적인 '정보 전달자'가 아닌, '독자와 함께 만들어가는, 독자 가까이에 존재하는 미디어'로 인식되는 것이 코트워치의 지향점 중 하나였다.

취재 방식 다양화

이런 변화는 현안에 어떻게 대응할지에 대한 고민으로 이어졌다. 12·3 비상계엄, 12·29 여객기 참사, 6월 조기 대선 등 여러 국면을 지나면서 코트워치가 독자에게 전할 수 있는 이야기를 찾고자 했다. 주로 타 언론에서는 자세히 다루지 않는 영역에 집중했고, 각각의 사안에 담긴 법적 쟁점이나 배경 등을 쉽게 풀어내는 방식으로 접근했다. 법원과 연관된 현안에서 독자가 궁금할 만한 지점이 무엇인지 고민하고, 그 내용을 기사 혹은 짧은 뉴스레터를 통해서라도 다루고 넘어가려고 노력했다.

취재 방식도 다양화하기 시작했다. 사회적참사 등 진상규명이 필요한 사건에 대해서는 기존 재판 취재 방식을 유지하되, 피해자 권리에 관한 제도 공백 문제나 법원 구조적 문제와 연관된 사안도 취재하기 시작했다. '재판 취재'를 하나의 중요한 갈래로 두면서 다루는 주제의 범위를 넓혔다.

이처럼 법원을 다루는 매체를 창간하게 된 과정이 순탄하지는 않았다.

코트워치 시작점

첫 재판 취재

2022년 10월 27일, 김주형 기자는 고 이예람 중사 사망 사건 재판을 방청하기 위해 처음 서울중앙지방법원에 갔다. 뉴스쿨 펠로우 기자로 실무 교육을 받던 때다. 고 이예람 중사 사건 재판을 한번 살펴보라는 팀장의 지시가 있었다. 하나의 사건이지만 범죄 혐의가 발생한 시점에 따라 재판은 4개로 분리돼 진행 중이었다. 재판이 여러 개라는 사실을 인지하기까지도 좀 시간이 걸렸다.

재판을 여러 번 가면서 눈에 익는 분들이 생겼다. 고 이예람 중사 유가족, 군인권센터 활동가, 또 다른 군 사망 사건 유가족이 매 공판 재판을 방청하러 왔다. 나중에 들은 이야기로는 유가족 한 분은 매번 재판에 와서 노트에 뭔가를 쓰는 김 기자를 보고 활동가나 연구자로 알았다고 했다.

기록의 의미

실무 교육 당시에는 매일의 일이 크고 복잡해서 '취재 일기'를 적었다. 객관적인 사실이 많이 빠져있고 주로 고민을 적어서 일지보다는 일기에 가까웠다. 재판 취재를 시작하고 석 달 정도 흐른 2023년 1월의 취재 일기에는 '이(재판) 기록이 어떤 의미를 갖는지 모르겠다'고 적었다. 매주 쌓이는 기록을 어떤 맥락으로 정리해야 할지, 증인들의 말을 연결했을 때 어떤 의미를 발견할 수 있을지 감을 잡기 어려웠다. 재판 기록의 가치에 확신은 없었지만 마감은 다가오고 있었다.

1월 18일 취재 일기에는 '공소장을 구해야 하는데 어떻게 해야 할지 모르겠다'는 내용이 있다. 첫 기사 마감을 앞두고 공소장을 구하기 위해 군인권센터, 국회의원실 쪽에 문의를 했는데 협조를 구하기 어려웠다. 사건 내용이 외부에 유출되는 데 민감한 사건이기도 했고, 담당자에게 연결되기까지 시간이 오래 걸렸다. 한 번 전화를 하고, 다음 전화를 기다리면서 어떤 부분을 설명할지 준비했던 기억이 난다.

어느 시점부터 피해자 측 유가족과 대리인으로부터 수사 자료나 재판 정보를 얻을 수 있었다. 긴 기간 재판을 방청하면 법정에서 만나는 이들과 자연스럽게 연결점이 생기고(같은 지점에서 의문을 느끼고, 비슷한 부분에 화가 난다), 이 사건과 재판이 외부에도 잘 알려지기를 원하는 분들로부터 취재 협조를 구할 수 있게 됐다. 그때도 시간의 축적이 만들어주는 신뢰 관계에 기대어 취재를 이어갔다. 재판 기록을 모아 2023년 2월에 첫 기사를 냈고, 같은 해 7월까지 12편의 재판 중계 기사를 썼다.

법원 취재 매체

2023년 6월부터 새로운 매체 창간을 준비했다. 그 무렵 김주형 기자가 먼저 최윤정 기자에게 창업 스터디를 제안했다. 같이 창업을 하자고 하기에는 아무런 계획이 없는 상태였고, '가능성을 탐색하는' 스터디 정도는 해볼 수 있지 않을까 생각했다. 두 사람이 함께 도모해본다면 뭔가 재밌는 걸 만들 수 있지 않을까 하는 기대도 있었다. 두 달 정도 매주 아이디어 회의를 하고, 매체 창간을 위한 리서치를 했.

'법원을 취재하는 매체'라는 기획 이전에 공중보건·공공안전이라는 키워드가 있었다. 두 사람의 관심사가 모여 도달한 지점이었다. 창업 기획안을 심사하는 함께재단 관계자로부터 혹평을 받았다. '해당 분야에 대한 전문성이 없다'는 이유가 가장 컸다. 기획안 제출을 포기해야 하나 고민하던 시점에 주변에서 '재판 취재 경험을 살리면 좋을 것 같다'는 조언을 들었다. 대부분의 언론은 재판이 진행되는 과정 자체에 주목하지 않는다는 점, 과정을 모르기에 판결에 대한 적절한 평가나 공론화 없이 지나가는 경우가 많다는 점 등 새로운 매체가 채울 수 있는 '보도 공백'이 존재했다. 그렇게 '코트워치'라는 이름이 창업 기획안에 적혔다.

시작점 회고

코트워치 창간 이후부터 지금까지 '처음 재판 취재를 시작한 시점', '코트워치라는 이름이 만들어진 순간'을 되돌아보기가 두려웠다. 창간 이후 취재에 어려움을 겪으며 그때 그 결정이 옳은 선택이었을까 의구심이 들기도 했고, 처음 재판을 취재하며 스스로 부족하다고 느낀 부분을 되돌아볼 용기가 없었다. 그런데 이번 창업기 원고를 쓰면서 어쩔 수 없이 그때 쓴 취재 일기, 팀장에게 보고했던 내용, 발행한 재판 기사를 돌아보게 됐다.

그때 법정에서 만난 사람들, 자기 일처럼 취재를 도와준 사람들, 기사와 기획에 조언을 아끼지 않은 사람들의 응원과 지지로 코트워치가 만들어졌다. 지금도 그렇다. 코트워치를 만들어가는 두 기자보다도 더 큰 믿음을 가지고 활동을 지켜봐주는 사람들, 독자들이 있어서 코트워치는 사라지지 않고 지속되고 있다. 이는 독립언론의 숙명이기도 하다. 코트워치를 필요로 하는 독자가 없다면 매체가 존재할 이유도 없다. 앞으로도 코트워치는 독자를 위한, 독자의 삶에 필요한 기사를 쓰려고 한다.

10·29 이태원 참사 그후

코트워치 창간 후 처음 보도한 재판은 '이태원 참사' 관련 형사재판이다. 창업을 준비하던 단계부터 시작해 가장 오랫동안 지켜보고 있지만, 2025년 11월 현재 1심이 끝나지 않은 재판도 있다.

2022년 10월 29일

2022년 10월 29일 서울 용산구 이태원 해밀톤호텔 옆 골목에서 압사 참사가 발생했다. 참사가 발생했다는 뉴스를 본 이후로 계속 참담한 기분이었다. 어떻게 이런 참사가 발생했을까. 사고가 발생하기 전 위험을 알린 112 신고 11건이 공개됐고, 국민적 공분이 일었다.

실무 교육을 받은 지 두 달이 되지 않은 펠로우 기자들도 사건을 취재하게 됐다. 정보공개포털과 국회의원실, 언론보도를 통해 정보를 수집하고, 어떤 내용을 보도해야 할지 고민했다. 한 팀은 112 신고 내역과 유튜브 게시물 등을 바탕으로 참사 당일 타임라인을 만들었고, 다른 한 팀은 참사 이전에 언론이 핼러윈을 어떻게 다루었는지 분석했다.

이태원에서 '무용지물'에 가까웠던 재난안전통신망(재난 관련 기관이 실시간으로 소통할 수 있도록 구축한 통신망) 문제도 살펴봤다. 소방과 경찰, 지자체, 의료기관 등이 구조 과정에서 왜 통신망을 활용하지 못했는지, 장기간에 걸쳐 국가적으로 추진한 통신망 사업에 예산 등 문제는 없었는지, 주무부서인 행정안전부의 잘못은 없는지 조사해 보도했다.

2023년 10월 29일

코트워치를 기획하기 시작한 2023년 여름, 이태원 참사는 여전히 취재해야 할 문제가 많은 사건이었다. 당시 기획안에 이렇게 적었다.

> 수사와 기소, 재판을 통해 사고 원인, 관계 기관의 예방 및 구조 미흡 등에 대한 규명이 진행됩니다. 최종 판결에만 주목하지 않고, 재판 과정을 꼼꼼한 기록으로 남겨둘 필요가 있습니다. 다만, 사고 책임을 모두 사법적으로만 처리하려는 태도는 한계도 분명하기에 법정에서 다루어지는 것과 다루어지지 않는 것을 함께 살펴보고자 합니다.

8월부터는 법원에 갔다. 이태원 핼러윈 축제를 제대로 대비하지 않은 혐의, 참사 당일 제대로 대응하지 않은 혐의 등으로 용산경찰서 소속 피고인과 용산구청 소속 피고인이 따로 재판을 받고 있었다. 두 재판 모두 용산구 관할 서울서부지방법원의 가장 큰 법정에서 열렸다.

이전 재판 내용은 유가족을 법률 지원하는 단체의 모니터링 기록을 받아 살펴봤다. 어떤 피고인이 어떤 혐의로 재판 중인지, 각 재판의 법적 쟁점이 무엇인지 파악하는 데 시간이 꽤 걸렸다.

이태원 참사와 관련된 국정조사, 수사, 재판 상황 전반을 정리한 기사를 참사 1주기인 2023년 10월 29일, 코트워치 첫 번째 기사로 올렸다. 썸네일 이미지를 만들고, 웹사이트 발행에 필요한 사항을 준비하기 위해 처음으로 사무실에서 밤을 새웠다.

재판 기록, 미규명 진실, 정보라인

코트워치는 이태원 참사와 관련해 네 개의 프로젝트를 진행했다.
① 이태원 참사 재판 기록 경찰 편과 ② 구청 편은 코트워치 초기 기획에 충실하게 기사를 썼다. 재판을 하루 다녀오고, 그 하루의 기록을 쌓아가는 방식이다. 재판 내용을 기사로 쓴다고 하면 몇 가지 기술적 문제점이 있다. 사건과 재판에 대한 기본적인 사실을 매번 설명해야 하고, 재판 특성상 세세한 내용이 쟁점이 될 때가 많은데 어디까지 보도할지, 어떤 독자를 가정하고 쓸지 결정이 어렵다.

경찰 편 보도를 시작하던 때, 우리 기사를 봐주던 에디터는 "피해자처럼 모든 공판 내용을 알고자 할 독자를 위해 공판마다 기사를 쓸지, 아니면 정말 중요한 사실이 드러났을 때 기사를 쓸지 결정해야 한다"라고 조언했다. 우리는 전자를 선택했다. 경찰 편은 4번, 구청 편은 5번의 공판 내용을 보도했고, 이후로는 새로운 보도 방식을 찾기 위해 잠정 중단했다.

그런데 2025년 1월, 한 유가족으로부터 연락을 받았다. 지금도 참사 관련 재판을 취재하고 있는지, 공판 기사가 올라올 예정인지 궁금해했다. 그리고 고맙다고 했다. 코트워치 초기 기획인 공판 기사가 어떤 사람에게 의미가 있는지 다시 생각해보게 됐다. 사건에 따라 다르겠지만, 이런 보도 방식을 아예 폐기하기보다는 더 발전시킬 필요가 있다는 생각이 들었다.

③ 이태원 참사 미규명 진실 프로젝트는 뉴스타파와 협업했다. 2024년 5월 '10·29 이태원 참사 피해자 권리보장과 진상규명 및 재발방지를 위한 특별법'이 통과되면서 '특별조사위원회'가 구성됐다. 프로젝트에서는 지난 국정조사와 수사, 재판에서 밝혀진, 또는 밝혀지지 않은 사실을 바탕으로 특조위 진상규명 과제를 10가지 추출해 보도했다.

④ 참사와 정보라인 프로젝트는 참사 이후 진상규명을 방해한 경찰 정보라인 이야기를 담았다. 서울경찰청 정보부장, 용산경찰서 정보과장 등은 관련자 가운데 가장 먼저 수사와 재판을 받았다. 경찰 정보활동에 대한 여러 쟁점이 나온 재판이었지만, 언론의 관심은 점점 떨어졌고, 코트워치 기자 홀로 방청석을 지키는 날들도 있었다.

유가족 편에 서는 일

우리는 '한 줄'을 쓰기 어려웠던 경험을 나누곤 했다. '뇌피셜'로 쓰는 글이야 쭉 써내려가면 되지만, '사실'을 다룰 때는 제대로 확인해야 한다. 서로 초안을 바꾸어 볼 때도 근거 없는 내용을 걸러내고자 노력한다. 물론 아직 둘 다 초보이기 때문에 부족함도 많다.

이 이야기를 꺼낸 이유는 코트워치가 하는 일의 전제를 설명하기 위해서다. 코트워치는 '사실'을 토대로 콘텐츠를 만든다. 이런 전제하에, 기자로서 서있어야 하는 위치가 어디인지 깨닫게 된 순간이 있다.

용산경찰서 항소심 중 유가족 한 분만 법정에 온 날이 있었다. 보통은 여러 분이 함께 오시는데 이날은 혼자였다. 재판이 끝나기 직전 재판장은 그분의 발언을 들었고, 그분은 발언이 끝나고 재판이 끝나도 쉽게 법정을 떠나지 못했다. 법정 밖에서 유가족 곁을 지킨 건 기자 세 사람이었다. 피고인과 방청객이 가장 먼저 떠났고, 이어 검사들이 꾸벅 고개숙여 인사를 하고 떠났다. 집에 가는 길에 그 순간을 곰곰이 생각했다. 앞으로 기자로 일하는 동안, 지켜야 하는 곁이 누구인지 확신이 들었다.

 예전에 서울서부지방법원 방청석 추첨에 당첨된 자리에 앉은 적이 있다. 출입기자는 맨 앞 취재석에 앉을 수 있지만, 우리는 출입기자가 아니어서 일반 방청객과 섞여 앉는다. 컴퓨터를 꺼내 내용을 받아치는데 바로 옆에 앉은 아저씨가 '기자냐'고 말을 걸었다. '네?'라고 했더니 '받아쓴 것 좀 보내줄 수 있느냐'고 했다. 이날 이후 지금까지, 재판이 끝나고 나면 기록을 보낸다. 아들을 위해 긴 싸움을 이어가는 아버지에게 해드릴 수 있는 일이 방청석을 지키고, 기록하고, 기사 쓰는 일 밖에 없어서다.

노동자의 죽음에 대한 책임

 중대재해처벌법은 사업주·경영책임자가 안전·보건 의무를 다하지 못해 중대재해가 발생했을 때 그 책임을 물어 처벌하기 위해 만들어졌다. 코트워치는 중대재해처벌법이 적용된 사건 재판을 취재해왔다.

아리셀 중대재해 참사

2024년 6월 발생한 아리셀 중대재해 참사는 코트워치가 처음으로 수사 단계부터 취재한 사건으로 2025년 9월 23일 1심 선고 이후 항소심을 앞두고 있다(2025년 11월 6일 기준).

아리셀 참사 발생 직후 화성시청에 재난안전대책본부가 설치됐다. 중앙지와 경기도 지역언론 취재진이 화성으로 몰렸다. 연일 참사에 관한 수많은 보도가 쏟아지던 시점에 코트워치의 취재 자문 역할을 하던 에디터로부터 연락을 받았다. 코트워치가 이 사건을 수사 단계부터 취재해보면 좋겠다는 이야기였다. 몇 가지 취재 조언도 함께 전했다. 참사에 관한 재판 취재를 이어오던 시점에서 코트워치가 새롭게 시도해볼 만한 일이라고 느꼈다. 명확한 취재 방향을 잡지 못한 채 일단 현장으로 갔다.

유가족의 49일

코트워치가 몇 달간 찾아다닌 곳은 주로 아리셀 참사 대책위원회와 희생자 유가족이 공식 일정으로 참여하는 추모제나 기자간담회 현장이었다. 한국으로 이주해온 사람들이 겪는 열악한 노동환경 문제, 불법 파견업체 문제 등 몇 가지 구조적 요인이 참사 원인으로 지적되던 시점이었다. 코트워치가 그 안에서 어떤 부분을 다룰 수 있을지 살펴봤다.

새롭게 조명할 수 있는 문제를 고민하는 한편 희생자 유가족, 비슷한 문제를 경험한 노동자의 목소리를 듣는 데도 집중했다. 중국 동포 단체에서 마련한 서울 대림동 분향소를 찾아 이야기를 들었고, 김주형, 최윤정 기자가 번갈아서 거의 매일 추모제에 갔다. 희생자 유가족은 화성시청 앞에 모인 시민 앞에서 참사 당일과 그 직후의 경험을 이야기했다. 코트워치는 추모제 현장을 영상으로 담았고, 희생자 49재 이후 '아리셀 참사 유가족의 49일'이라는 영상 기록을 만들었다.

최윤정 기자는 당시 취재 과정을 돌아보며 아래와 같은 내용을 뉴스레터에 적었다.

코트워치는 유가족이 공식으로 참여하는 추모제 등에 가능한 한 많이 가서 지켜보기로 방침을 정했습니다. 물론, '이렇게 가마니(김주형 기자 표현)처럼 가만히 있다가 와도 되나', '더 적극적으로 비집고 들어가야 하는 건 아닐까' 고민하던 순간도 많았습니다.

당시에는 최선이었다고 생각했지만, 되돌아봤을 때 아쉬운 점이 많았다. 이주나 노동과 관련된 이슈가 크게 공론화된 시점에 우리가 할 수 있는 일이 더 있었을 것이라고 생각한다. 몇 달간 취재를 하면서도 문제에 적극적으로 개입하지 않고 관찰하는 방식으로만 접근했던 것 같다. '지금 일어나는 일'에 대한 기사를 쓰기 위해서는 좀 더 뾰족한 질문이나 주제를 쌓아나가야 한다는 것을 이 과정에서 배웠다. 매일 서울과 화성을 오가며 같은 현장을 다녀온 기자들이 쓴 기사를 읽는 것도 공부가 됐다.

1심 재판

아리셀 참사 재판을 처음으로 취재하던 날이 기억난다. 2024년 10월 21일, 첫 재판을 보기 위해 희생지 유가족, 내책위 활동가, 법률 지원을 맡은 피해자 측 변호인, 그리고 취재진이 왔다. 자리가 많지 않앉다. 법정 경위들은 기자나 변호사가 방청석 첫째 줄과 둘째 줄에 앉도록 하고 유가족은 셋째 줄부터 앉도록 했다. 방청석에서 작은 말소리가 들리면 강하게 주의를 줬다. 이날 재판이 끝나고 재판을 가장 가까이서, 잘 들을 수 있어야 하는 주체는 유가족이라는 생각이 들었다.

코트워치는 결심 공판이 열린 2025년 7월 23일까지 모든 공판을 취재했다. 뉴스레터를 통해 법정에서 나온 이야기를 전했고, 참사 1주기가 있던 6월부터는 재판 기록을 정리한 기사를 연재했다. 아리셀 참사 재판 쟁점 중 하나는 '실경영자가 누구인지'였다. 중대재해처벌법이 적용돼 재판에 넘겨진 아리셀 대표는 아들인 총괄본부장이 아리셀의 '실질적인 대표'라고 주장했다.

아리셀 대표 이외에도 임원에 해당하는 이들이 '의사결정권이 없었다'거나, '아래 직원으로부터 보고를 받지 못했다'고 주장했다. 사고 발생 책임을 회피하는 전형적인 모습이었지만, 회사의 중요한 의사결정에 전혀 관여하지 않았다고 주장하는 피고인 측의 일관된 변론을 듣고 있으면 마음이 답답해졌다. 방청석에서도 한숨 쉬는 소리가 자주 들렸다.

현직 기자인 희생자 유가족 한 분은 모든 공판을 방청했다. 한두 달 뒤부터는 재판 전후로 인사를 나눴다. 재판 기록을 모아 기사를 준비하면서 그 유가족 생각을 자주 했다. 모든 공판을 함께 본 사람도 납득할 만한, 도움이 된다고 느낄 만한 기록을 남기고 싶다는 생각을 했다.

SPC 제빵공장 사망 사건

 2022년 10월 15일 SPC 계열사인 평택 SPL 제빵공장에서 야간근무조로 일하던 여성 노동자가 기계에 끼여 사망했다. 사건 발생 10개월 만에 SPL 대표이사 등 책임자가 기소됐고, 그로부터 7개월 뒤인 2024년 3월 21일, 수원지방법원 평택지원에서 첫 공판이 열렸다. 코트워치는 이 사건 1심 재판을 취재했다. 언론에 공개된 피해자 측 대리인을 통해 사건 정보를 받았다.
 첫 공판은 보러온 사람이 많았다. SPC 관계자, 노동조합 조합원, 취재진 등 방청석에 빈자리가 별로 없었다. 두 번째 공판이 지나고 나서부터는 방청 오는 사람 수가 줄었다. SPC 홍보팀 담당자가 명함을 건네며 방청석 기자들에게 인사했다. 재판 중반부부터는 코트워치만 취재를 하는 날이 많았다. 민주노총 조끼를 입은 노동조합 조합원들이 매 공판 방청석에 앉아 끝날 때까지 자리를 지켰다.

'시간이 없다'는 증언

 사망한 노동자와 함께 야간근무조로 일을 했던 노동자, 11년 넘게 해당 공장에서 일한 노동자들이 증인으로 와 업무 환경에 대해 증언했다. 안전교육 실시 여부에 대해서는 증언 내용이 조금 달랐지만, '정해진 물량에 맞추려면 시간이 없다', '안전을 위해 2인 1조로 근무해도 실제로는 각자 할 일을 하느라 바쁘다'는 말이 공통으로 나왔다. (사건 발생 당시 2인 1조로 일했다면, 동료 노동자가 사고 발생 기계 전원을 끌 수 있었을 것이라는 지적이 나왔다) 검사는 증거 조사 과정에서 CCTV 영상을 재생했다. 원칙상으로는 2인 1조로 일해야 하는 노동자들이 각기 다른 공간에서 다른 작업을 하고 있었다.

2025년 1월, 1심 판결이 나왔다. 다른 일정이 겹쳐 선고 내용을 직접 듣지 못했다. 이후 기사와 판결문을 통해 구체적인 내용을 확인했다. 중대재해처벌법 위반 혐의를 받는 SPL 대표이사에게 징역 1년, 집행유예 2년이 선고됐다. 공장장 등 관계자 3명에게도 집행유예가 내려졌고, SPL 법인에는 벌금 1억 원이 선고됐다. 피고인이 대표이사로 취임한 지 4개월 만에 발생한 사고라는 점이 형량에 반영됐다. 피고인이 '재발 방지를 위해 노력할 것을 다짐하고 있다'는 점도 판결문에 명시됐다. 검찰과 피고인 양측 모두 항소하면서 사건은 2심으로 넘어갔다.

항소심 첫 공판은 1심 선고 이후 9개월이 지난, 2025년 11월 26일에 열렸다. 코트워치는 앞으로도 취재를 이어갈 예정이다.

모든 언론의 눈이 법원에 쏠릴 때

내란 재판 취재

2024년 여름을 앞두고 우리는 '코트워치 회의'라는 이름의 회의를 새로 만들었다. 창업 인큐베이팅 기간 종료 이후의 조직 운영 방향을 정하기 위해서였다. 함께재단 인큐베이팅은 8월부로 종료됐지만, 코트워치 회의는 겨울까지 이어졌다. 2024년 안에는 어떤 방향이든 결정을 하고 2025년부터는 실행에 몰두하고 싶었다. 그런데 12월 3일,

대통령이 느닷없이 비상계엄을 선포했다.

우리는 계엄을 겪어본 적 없는 세대다. 드라마(60일, 지정생존자)에서 폭발물 테러로 국회가 무너지고, 대통령과 국무위원이 한순간에 죽었을 때 '경비계엄'이 선포되는 걸 본 적이 있었다. 계엄법에 따르면, 비상계엄은 경비계엄보다 더 중대한 상황에 선포할 수 있다.

계엄하에서는 언론도 통제 대상이 된다. 코트워치도 언론사이기는 하지만, 기자 신변이나 사무실을 걱정하지는 않았다. 법적인 관점에서 이 상황을 어떻게 판단해야 할지 혼란스러웠고, 지금 우리가 어떤 일을 해야 하는지, 시민들에게 도움이 되는 정보를 어떻게 구해서 제공해야 할지 고민이 됐다. 국회 라이브와 실시간 뉴스를 보면서 판례 검색에 들어갔다.

역대 포고령에 대한 판결

엘박스(판결문 검색 서비스)에 '계엄'을 검색하니 의외로 판례가 많았다. 최근 판례는 당연하게도 모두 재심 사건이었다. 재심 판결문에는 계엄포고령을 위반해 처벌받은 사람들의 이야기가 있었다. 2010년대 이래 사법부가 1972년 유신 계엄과 1979년 부마민주항쟁 계엄 당시 나온 '포고'를 '위헌·위법'이며 '무효'라고 판단하면서 이들도 무죄를 선고받았다.

코트워치는 법원이 역대 계엄 포고에 어떤 판결을 내렸는지 12월 6일 보도했다. 법원이 판결문에 밝혀온 근거에 비추어볼 때, '12·3 비상계엄'의 포고령 제1호노 위헌·위법임이 명백했다. 물론, 비상계엄 선포 자체가 위헌·위법이라는 지적이 많이 쏟아져나온 시점이기는 했지만, 재심 판결에 대한 보도도 시민들의 판단에 도움이 되기를 바랐다.

동시에 포고령 발령 이후 집에서, 잡화점에서, 술집에서, 열차에서, 거리에서, 파고다공원에서 계엄에 대한 의견을 말했다가 '유언비어 날조·유포'로 군법회의(군사법원) 재판에서 징역형을 선고받은 많은 국민을 떠올렸다. 12월 4일 새벽 김주형 기자는 이런 판결이 역사에 대한 평가가 다 끝난 후인 수십 년 뒤에 나온다는 것이 좀 어이가 없다고 말했다.

궤변 팩트체크

대통령 윤석열 측은 비상계엄 해제 직후부터 여러 주장을 내놓았지만, 대부분 납득하기 어려운 궤변에 가까웠다. 코트워치는 팩트체크가 필요한 주장과 흘려보낼 주장을 구별해야 했는데, '비상계엄 선포는 대통령의 통치행위이기 때문에 사법 심사의 대상이 되지 않는다'는 주장은 다루기로 했다. 1960~1980년 오래된 판례들에 근거를 두고 있었고, 전두환 등 신군부가 법정에서 비슷한 주장을 펴기도 했다.

헌법과 행정법을 연구하는 교수를 중심으로 이메일 주소를 모아 질문을 보냈다. 정도 차이는 있었으나, 우리가 받은 답변은 같은 방향을 가리켰다. 2024년에 논쟁 대상이 될 주장이 아니라는 것. 한때 사법부가 대통령의 통치행위에 대한 심사를 꺼리는 모습을 보이기도 했지만, '국민 기본권을 침해하는 등 위헌·위법일 때는 통치행위도 심사

할 수 있다'는 판례가 이미 확고하다는 것.

실제로 2025년 4월 헌법재판소도 "탄핵심판 절차에서 비상계엄 선포의 헌법·법률 위반 여부를 심사할 수 있다"는 입장을 재확인했다. 하지만 일부 내란 법정에서 피고인들은 '대통령의 통치행위는 사법부가 심사할 수 없다'는 주장을 되풀이하고 있다.

탄핵심판 업데이트

대통령 윤석열에 대한 탄핵심판은 2024년 12월 27일 준비 절차를 시작했다. 코트워치도 탄핵심판을 취재하기로 했다. 하지만 두 가지 문제가 있었다. 첫 번째는 '헌법재판소에 들어갈 수 있을까'였다. 일반 방청을 신청하긴 했으나 경쟁률이 너무 높아 김주형, 최윤정 기자 둘 다 추첨에서 떨어졌다. 그래도 일단 가보기로 했다. 상황이 어떨지 몰라서 둘 다 갔다. 주차장 입구에서 우연히 마주친 기자협회보 기자가 출입기자가 아니라도 브리핑룸에는 들어갈 수 있다고 알려줬다.

그때부터 코트워치는 헌법재판소가 기자들이 중계를 볼 수 있게 마련한 대강당을 드나들며 탄핵심판을 취재했다. 다만 경비가 점점 삼엄해지면서 선고일에는 들어가지 못했다.

헌법재판소는 그동안 가본 취재 현장 중 가장 기자가 많았다. 변론 내용도 내용이지만, 그곳에 모인 기자들이 어떻게 일하는지 볼 수 있었다. 변론이 끝나면 심판정 건물 입구로 갔고 대리인들 앞에 쪼그리고 앉아 어떤 질문과 답변이 오가는지 보고 들었다. 자꾸 같은 말을 반복하는 대통령 측보다 국회 측에 궁금한 것이 많았는데, 다른 기자들이 먼저 비슷한 질문을 해서 입을 못 떼기도 했다. '경험이 좀 더 쌓이면 기자 무리에서도 당차게 질문을 선점할 수 있을까' 생각했다.

우리의 두 번째 문제는 변론을 보고 온 뒤에 나왔다. 당시 헌법재판소는 변론이 끝나면 풀 영상을 언론에 제공했다. 유튜브에서 영상을 쉽게 볼 수 있었고, 보도량도 굉장히 많았다. '이런 상황에서 작은 독립언론인 코트워치도 탄핵심판을 보도해야 할까', '한다면 어떻게 다르게 할 수 있을까'를 고민했다.

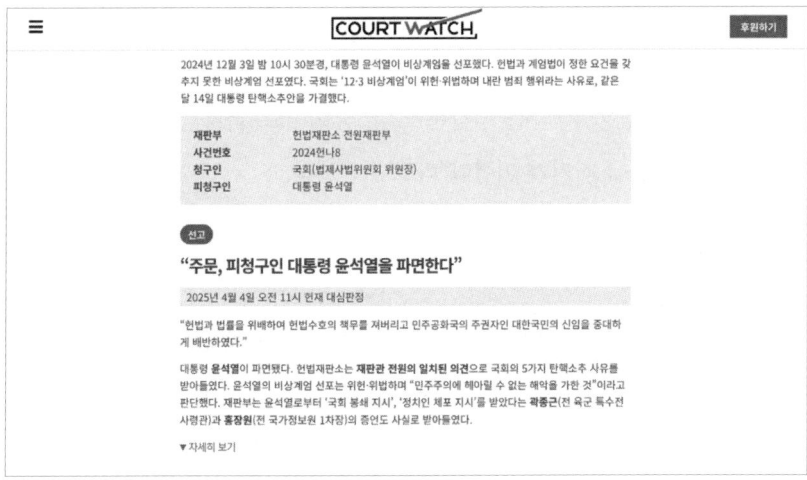

코트워치의 '대통령 윤석열 탄핵심판' 재판 업데이트 페이지

결과적으로 우리는 탄핵심판의 모든 변론을 우리만의 방식으로 요약하고 기록한 페이지를 만들기로 했다. 각 변론에서 가장 중요하다

고 생각한 한 줄을 뽑고, 주목한 장면과 세부 절차를 아래에 붙였다. 이 페이지를 보고 후원회원이 된 친구는 "재판 보는 건 사실 볼 수 있는 건데 바빠서 신경을 안 쓰고 살지 않냐. 그런데 그렇게 정리해서 이야기해주니 좋았다. 소문처럼 떠도는 내용이 아니라 재판이니까 어느 정도 증명된 사실이 나오니 좀 더 객관적으로 보게 됐다"라는 후기를 전하기도 했다.

탄핵심판처럼 모든 언론의 관심이 법원에 쏠리는 이슈가 생기면 어떻게 대응해야 하는지는 풀지 못한 중요한 숙제로 남았다. 현직 기자이기도 한 후원회원은 "굉장히 중요한 뉴스라서 다루고 싶은 욕심은 누구나 있겠지만, 너무 경쟁이 심한 분야다 보니까 기존 언론사와 경쟁이 잘 안 될 것 같다는 생각은 있다. 굳이 코트워치를 찾아서 읽어야 하는 이유를 찾기가 어렵다"라고 조언했다.

끝나지 않은 내란 법정

대통령 윤석열은 만장일치로 파면됐지만, 내란 형사재판은 여러 갈래로 진행 중이다. 피고인 윤석열과 김용현(전 국방부장관), 조지호(경찰청장) 등은 서울중앙지방법원에서, 곽종근(전 특수전사령관)과 문상호(전 정보사령관), 박안수(전 육군참모총장), 여인형(전 방첩사령관), 이진우(전 수방사령관) 등 군 지휘관은 중앙지역군사법원에서 1심 재판 중이다. 이외에도 재판에 넘겨진 관련자가 다수 있다.

재판이 너무 많다 보니, 코트워치 기자 두 사람만으로는 기존에 취재해온 재판과 내란 형사재판을 100% 커버하기 어려운 것이 사실이지만, 가능한 선에서 내란 재판을 따라가고 있다. 하루종일 내란 법정에 앉아있다 보면 이 지난한 과정이 어떤 역사로 남을지 궁금해진다. 동시에 몇 가지 질문에 점점 더 집중하게 된다. 2025년 안에 그 질문을 새로운 보도로 전할 수 있으면 좋겠다.

워처 watchers

2025년 11월 6일 현재 코트워치를 정기후원하는 회원은 88명. 지난 2년간 일시후원해주신 분까지 합하면 120명이 넘어간다. 코트워치는 코트워치를 함께 만들어가는 사람들, 즉 후원회원을 '워처 watchers'라고 부른다.

창립회원

코트워치는 2024년 2월 후원 캠페인을 진행했다. '코트워치가 창립회원을 찾습니다'라는 제목으로 캠페인 페이지를 만들고, 코트워치가 어떤 미디어인지 소개하는 영상을 올렸다. 전국 법원을 다닌다는 사실을 강조하기 위해 '법원도감' 쇼츠도 거의 매일 올렸다.

캠페인 목표는 창립회원 50명. 캠페인 당시 쌓인 콘텐츠가 많지 않았지만, 코트워치 설립 취지에 동의하는 분들이 동참하며 목표를 달성할 수 있었다. 기쁘면서도 마음이 무거웠다. 이전에는 우리만의 코트워치였는데, 이제 믿음에 보답해야 할, 코트워치만의 독자가 생긴 것이다.

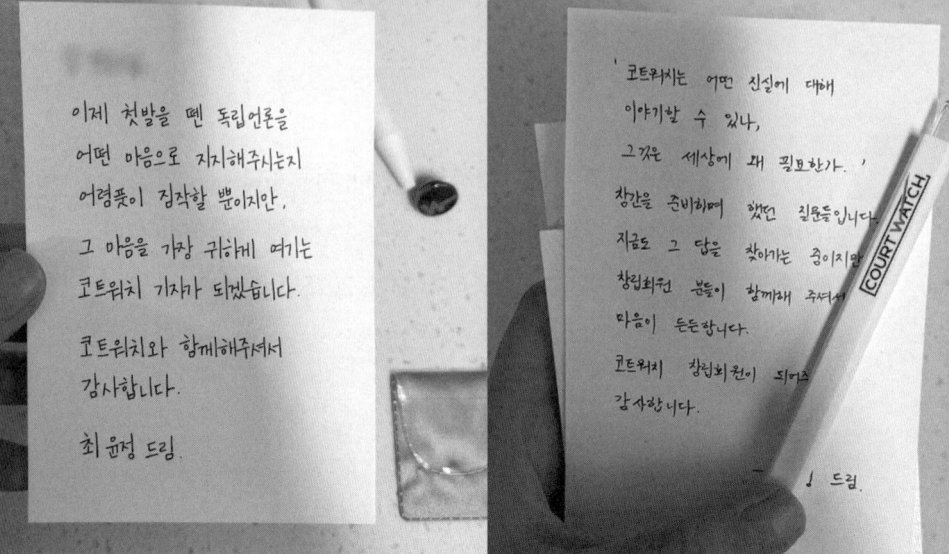

캠페인 직후 창립회원에게 보낸 엽서, 후원회원 K 제공

독립언론을 후원하는 이유

캠페인 1년 뒤, 코트워치는 '창립 워처'를 만나기로 했다. 탄핵 정국이라 할 일도 많고 어수선했지만, 창립회원의 이야기를 직접 듣고 싶었다. 5명을 대면으로 만났다. 그중 세 분은 독립언론을 후원한 경험이 있었다.

박OO 워처: 저는 정의, 공정 이런 키워드에 마음이 가다 보니 뉴스타파를 접하게 됐습니다. 매력적이었던 건 탐사보도, '더 깊이 있다'는 게 하나였고, 또 하나는 '광고 없이 간다'는 게 글을 읽는 사람도 편하고요. 광고주가 없으면 이해관계에서 벗어날 수 있다는 게 매력적이었습니다.

김OO 워처: (뉴스민을 후원했는데) 대구경북 내에서 그 자체가 너무 신기했고 뜻깊은 경험이기도 했죠. 저의 세계관이 그렇게 크게 자리잡지 않은 시기였음에도 인상 깊었어요. 다른 이야기를 하고 있구나, 누구도 주목하지 않은 이야기를 쓸 수 있고, 그게 기사가 될 수 있다는 생각을 가진 사람들이 있네.

조OO 워처: 우연한 기회에 접한 독립언론이라는 이야기가 신선했습니다. 그전에는 아무것도 하지 않고 불평만 했던 시민 중 하나였거든요. 그냥 이 사람이 잘못하면 이 사람 탓만 하고. 뭐가 옳고 그른지 기준을 만들어주는 곳이라는 이야기를 듣고, 거기에 대한 신의가 있어서 후원을 시작하게 됐죠.

기자단 바깥에서 하는 취재

코트워치는 법원을 현장으로 삼지만, 출입매체가 아니다. 법조기자단 소속은 당연히 아니고(법조기자단은 가입하기 가장 어려운 출입기자단으로 알려져있다), 법조기자단이 아닌 언론사가 모인 비법조기자단 소속도 아니다. 법조기자단과 달리 비법조기자단은 제한된 수의 비표를 돌려쓴다. 법원은 목걸이 형태로 기자 비표를 발급하는데, 비표가 있어야 노트북 사용이 가능하다.

코트워치는 법조 출입기자가 아니라서 겪은 여러 어려움을 뉴스레터 등으로 전달해왔다. 현장에서 직접 부딪치며 알게 된 어려움이었다. 우리도 창립회원도 그전까지는 잘 모르던.

박OO 워처: 그것도 저는 기억에 남았어요. 일반인은 알 수가 없는데 그리고 흔히 당연하다고 생각하는, 기자들은 너무 자연스럽게 들어가서 뭔가 하고 있을 것 같은데 그러지 못할 수도 있다는 걸 처음 배웠거든요.

그것도 차별이라면 차별일 수 있는 것이고.

김OO 워처: 인상깊게 본 건 '타이핑이 안 되니까 속기를 배워야 하나' 얘기나, '사진을 못 찍으니까 그림을 그렸다'는 얘기라든가, 현장에서 부딪히는 지점들이 좀 더 생동감이 있는가 봐요.

코트워치는 법조기자단이나 비법조기자단 가입을 시도하지 않았다. 대신, 왜 서초동 법원(서울중앙지방법원·서울고등법원)만 비표가 없으면 노트북을 못 쓰게 하는지, 왜 법원이 아니라 출입기자들이 출입 매체를 결정하고 관리하는지를 계속 질문해야 한다고 생각했다.

조OO 워처: 그들은 주류이고 우리는 비주류여서 안 하는 것이 아니라, 이것이 옳지 않으니까 상대하지 않겠다고 해석을 해서 감사했죠. 혹시나 비법조에라도 들어가려고 했다면 좀 안타까운 마음이 들었을 것 같아요.

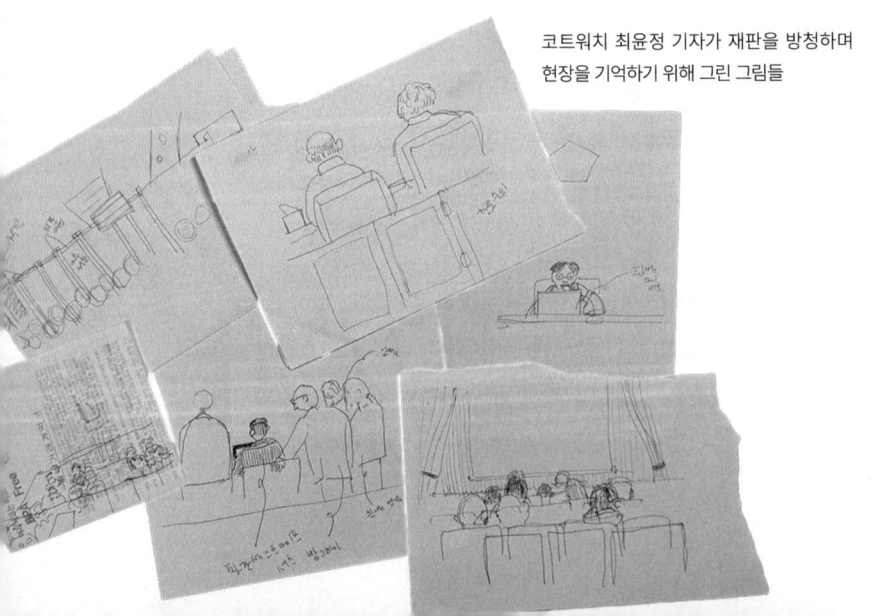

코트워치 최윤정 기자가 재판을 방청하며 현장을 기억하기 위해 그린 그림들

코트워치가 가야 할 길

우리와 워처의 모든 만남은 조직의 생존을 포함해 '코트워치가 가야 할 길'에 대한 대책회의 또는 상담 형태로 마무리됐다. 솔직히 가장 감동적인 순간이었다. 5명의 워처는 공통적으로 '코트워치다움'이라고 부를 만한 것과 뉴스레터(코트레터)에 대해 말했다.

박OO 워처: 예를 들면 '무엇을 파고들어보겠다'라고 하는 것, 접근하는 방법에 지지를 하는 거지, 주제에 대해서는 사실 어떻게 갈지 모르는 거죠. 코트레터는 누군가가 제 옆에서 이렇게 들려주는 것 같은 느낌인데 (중략) 요즘은 어떤 고민을 하는지 보이는 건 확실히 레터에 있다고 생각해서 레터가 더 기억에 남고 더 읽어보게 돼요.

조OO 워처: 여기가 정말로 원하는 가치와 철학에 맞춰서 갔으면 좋겠다, 그리고 눈에 보이는 크기보다는 더 깊고 짙으면 좋겠다는 생각이 있어요. 뭐라도 할 수 있는 걸 알려주시면 힘 닿는 데까지 하고는 싶은데 뭔지 모르니까 (중략) 뭐든 해보시면 될 것 같아요. 피켓 들고 서있으라고 해도 서있을 수 있어요, 시간만 맞으면 (웃음).

기자단 밖에서 법원 취재하기

코트워치처럼 법원 콘텐츠를 만드는 팀이 아니더라도, 특정 사건에 대한 재판이나 판결을 취재할 일이 생길 수 있다. 신생 독립매체 기자라면 출입기자 신분이 아닌 상태에서 취재해야 할 가능성이 높다. 이런 상황에 도움이 될 팁을 싣는다. 아래 내용은 2025년 9월 기준으로 작성했으며 언제든 바뀔 수 있기 때문에 확인이 필요하다.

법조기자단과 비법조기자단

한국 언론은 대부분 출입처 제도를 따른다. 법조기자단은 '법조'를 출입처로 삼는 기자 모임이다. 이들은 스스로 '대검·대법·헌재 출입기자단'이라고 부른다. 가장 폐쇄적인 출입기자단으로 알려져있으며, 언론매체 42곳이 속해있다. 법조기자단에 들어가지 못한 언론사들은 또 다른 기자단을 만들었다. 이른바 비법조기자단(법조2기자단)이다. 40여 곳의 언론매체가 가입해있다.

코트워치는 법원을 취재하는 언론이지만, 법조기자단 가입 시도를 하지 않았다. 기자단 소속 매체가 자의적인 기준을 적용해 특권을 유지하는 방식에 동의할 수 없어서다. 물론 가입할 조건도 안 된다. 최소 3명으로 법조팀을 꾸려 6개월 동안 법조기사를 써야 하는데, 코트워치는 기자가 2명밖에 없다. 설사 요건을 맞춘다 해도 기존 기자단의 투표를 뚫을 '개인기'도 없다.

비법조기자단은 어떨까. 대통령 윤석열 탄핵심판을 거치며 비법조기자단도 기자단 폐쇄성을 강화하는 방향의 규칙을 도입했다. 새로운 매체 등록 신청에 대한 기존 매체의 반대가 있으면 투표에 부쳐서 승인 여부를 결정하는 운영 규정을 만들었다.

출입기자단 운영은 '법원에서의 취재 지원을 제도적으로 어떻게 운영하느냐'의 문제이지만, 법원은 뒤로 빠져있나. 보는 게 기존 기자단 소속 기자들 손에 달린 구조다.

비표

코트워치에게 가장 힘든 점은 '비표'였다. 서울중앙지방법원과 서울고등법원은 목걸이 형태의 비표를 발급한다. 그 목걸이를 걸고 법정에 들어가야 노트북을 쓸 수 있다. 우리가 취재한 바에 따르면, 법조기자단은 매체마다 하나 이상의 비표를 받고, 비법조기자단은 9개가량의 비표를 돌려쓴다. 비표가 없으면 모든 내용을 손으로 받아쓸 수밖에 없고 그만큼 취재가 힘들어진다.

같은 서울이어도 서울서부지방법원, 서울북부지방법원 등은 비표 없이 노트북을 쓸 수 있다. 우리가 가본 인천지방법원, 인천지방법원 부천지원, 수원지방법원, 수원지방법원 평택지원, 대전지방법원, 청주지방법원, 대구지방법원 안동지원, 울산지방법원 등도 노트북 사용을 제지하지 않았다.

재판 일정 파악

대한민국법원 대국민서비스 '나의 사건검색'을 이용하면 재판 일정을 파악할 수 있다. 취재하고 싶은 재판이 열리는 법원과 사건번호, 당사자 이름을 알면 검색이 가능하다. (예시: 수원지방법원 2024고합833 아리셀)

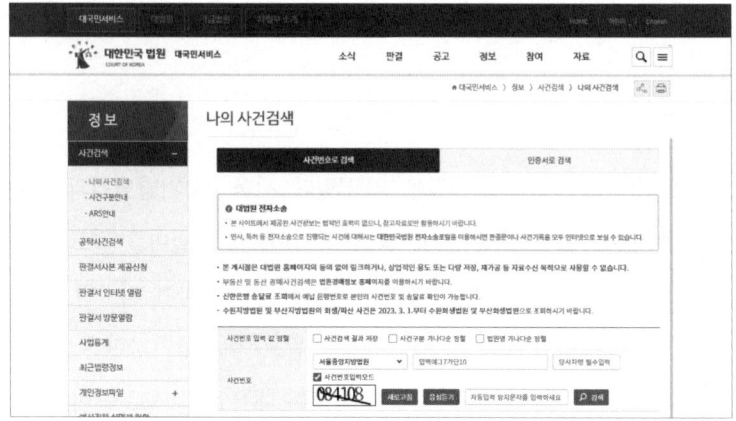

대한민국법원 대국민서비스 '나의 사건검색' 페이지

어느 법원에서 재판이 진행 중인지는 대체로 쉽게 찾을 수 있지만, 사건번호나 당사자 이름은 공개되지 않는 경우가 많다. 코트워치는 주로 당사자를 대리하는 변호사나 연대 활동을 하는 지역 시민단체 등을 통해 사건 정보를 얻었다. 검찰 보도자료에 공개된 수사팀 연락처를 통해 사건번호를 물어본 적도 있는데, 개인정보 등의 문제로 알려주지 않는 경우가 많았다.

'법률신문'의 경우 재판 기사에 사건번호를 기재한다. 과거 재판 정보는 법률신문에 검색해서 찾은 적이 많았다. 사건번호나 당사자 이름을 찾지 못했다면, 법률신문 '오늘의 법조' 등 여러 언론 보도에 공개된 일시에 맞춰 일단 법원에 가는 방법도 있다. 법원 내부에 게시된 재판 목록 인쇄물이나, 개별 법정 앞 전자 안내판을 보고 해당 사건을 찾을 수도 있다.

재판 일정은 피고인 측 사정, 증인 소환 등의 문제로 갑자기 변경되기도 한다. 재판 전날이나 당일 아침까지 일정을 한번 더 확인하고 법원에 가는 것이 좋다.

방청

법정은 기본적으로 녹음을 금지한다. 내용을 기록하려면 노트북을 이용하거나 노트에 수기로 적어야 한다. 앞서 다뤘듯 전국 법원 중 유일하게 서울중앙지방법원과 서울고등법원만 노트북 사용을 금지한다. 간혹 담당 재판부 방침에 따라 모든 방청인의 노트북 사용을 허용하는 경우도 있지만, 기본적으로는 '비표'를 목에 걸고 있는 기자만 타이핑을 할 수 있다. 법조기자단 기자는 모두 비표를 발급받지만, 코트워치는 그때그때 법원 공보관실을 통해 비표를 대여했다. 기자가 많이 몰리는 재판이 열리는 경우 비표를 받지 못할 때도 있었다.

공인이 아닌 피고인의 재판을 취재하는 경우 왜 보도해야 하는지, 어디까지 보도할지 검토하는 과정이 필요하다. 코트워치는 공인이 아닌 일반 시민이 재판 당사자이고, 너무 개인적인 내용이 나올 때는 노트북을 사용하지 않는 경우가 많았다. 개인정보나 사적인 이야기는 기록하지 않고 사건에 관한 주요 내용만 간략히 적어왔다.

지난 기록 확보

재판이 시작된 이후 취재에 착수한 경우에는 재판 기록을 통해 이전 내용을 확인하는 방법이 있다.

재판 기록은 사건 당사자만 열람 및 등사가 가능하다. 피고인 혹은 피해자 측 협조를 구해 재판부에 신청해 받아볼 수 있다. 형사사건 피해자의 경우 재판부에 따라 기록 열람·등사가 제한되는 경우도 있었는데, 2025년 9월 19일부터 관련 규정이 바뀌었다. 사건 피해자나 법정대리인이 재판 기록 열람·등사를 신청하면 재판장은 이를 허가해야 한다.

열람·등사를 통해 공소장과 공판조서, 증인신문 녹취록, 탄원서 등을 확인할 수 있다. 다만, 공판 절차를 기록한 공판조서에는 (기자가 기록하는 속기록처럼)재판에서 오간 구체적인 대화 내용이 기재되지 않는다. 또 법원에 따라 조금씩 다르지만 사건 관계자의 개인정보가 기재된 채로 제공되는 기록도 있기 때문에 외부에 유출되지 않도록 유의해야 한다.

판결문 활용

대한민국법원 사법정보공개포털을 통해 인터넷으로 판결문을 열람할 수 있다. 한 건에 천 원의 비용이 든다. '판결서 인터넷 열람' 페이지에서 키워드나 사건번호를 검색하면 관련 판결문 목록을 확인하고 필요한 판결문을 다운로드할 수 있다. 다만 판결이 확정되지 않은 사건(상급심이 진행 중인 사건)은 검색으로 확인이 불가능하다.

이럴 때는 '판결서 사본제공 신청'을 이용하면 '당사자가 비공개를 요청한 판결문'을 제외한 대부분의 판결문을 받아볼 수 있다. 사본제공 서비스의 단점은 시간이 오래 걸린다는 점이다. 법원 직원이 일일이 확인 후 보내주기 때문에 짧게는 며칠, 길게는 몇 달이 걸린다.

유일하게 모든, 그리고 익명화되지 않은 판결문을 볼 수 있는 방법은 법원도서관(경기도 고양시)에 가는 것이다. 법원도서관 판결정보 특별열람실에는 판결문 열람이 가능한 PC가 6대 있다. 자리가 적기 때문에 사람이 몰리는 시기에는 미리 예약해야 원하는 때 이용이 가능하다.

방문 열람 역시 '사법정보공개포털'에서 예약할 수 있다. 최근 규정이 엄격해지면서 검사·변호사 등 법조인이나 공무원, 언론사 소속 기자만 예약이 가능해졌다. 기자로 예약을 할 때는 언론사 재직증명서를 첨부해야 한다. 열람실에는 참고할 자료를 종이 한 장까지 들고 들어갈 수 있고, 열람 과정에서 찾은 정보는 법원 이름과 사건번호만 적어올 수 있기 때문에 당사자 이름 등 취재에 꼭 필요한 정보는 외우는 수밖에 없다.

코트워치는 '엘박스'와 같은 유료 서비스를 통해서도 판결문을 열람한다. 가격이 저렴한 편은 아니지만, 사법정보공개포털보다 검색이 용이하고, 필요한 판결문을 요청하면 (비공개 판결문이 아닌 경우)빠르게 확보가 가능하다.

검찰 공소장(검사가 피고인을 재판에 넘기면서 법원에 제출하는 서류)이 필요할 때는 재판 기록과 마찬가지로 사건 당사자를 통해 확보하는 경우가 많다. 사회적으로 공론화된 사건의 공소장은 국회의원실에 요청해 받아볼 수도 있다. 의원실에 공소장을 요청할 때는 법원 이름과 사건번호를 정리해 전달하면 비교적 빠르게 받아볼 수 있었다.

방청석이 없을 때

사람들의 관심이 쏠리는 재판은 방청석 자리가 부족할 수 있다. 코트워치도 이런 경우를 몇 번 겪었다. 이태원 참사 관련 박희영 용산구청장 재판, 서울서부지방법원 폭력 난동 사태 재판, 대통령 윤석열 탄핵심판과 내란 재판 등이 그랬다.

이렇게 주요 재판이 열릴 때, 각 법원은 홈페이지에 방청 안내 게시글을 올린다. 안내가 언제 올라올지 모르기 때문에 미리 확인이 필요하다. 방청 신청은 안내 글에 있는 링크를 통해 하면 된다. 방청 신청 후 추첨에서 당첨이 되면, 재판 당일 본인 확인 절차를 거쳐 방청권을 받을 수 있다.

추첨에서 떨어지면 본 법정에는 못 들어간다고 보면 된다. 그래서 꼭 챙겨야 하는 재판은 미리 공보판사에게 연락해서 방청권을 요청하는 편이 안전하다. 참고로 법원에서 본 법정과 별도로 중계법정을 운영하는 경우도 있다.

07

실전,

독립매체 만들기

언론사 등록

비영리 독립언론사 창간은 비영리 임의단체 등록(세무서) → 홈페이지 구축 → 인터넷신문사 등록(지방자치단체) → 비영리민간단체 등록(지방자치단체) → 공익단체 신청 등 순서로 진행하는 게 보편적이다. 세무서에 비영리 임의단체로 등록하면 고유번호증을 준다. 고유번호증은 비영리 임의단체를 세법상 법인격으로 보는 등록증이다. 은행도 법인통장을 발급해준다.

지자체 비영리민간단체 등록에는 20~30일 이상이 걸린다. 지자체에 비영리민간단체 등록 신청서를 내놓고 고유번호증으로 인터넷신문사 등록 절차를 동시에 밟을 수 있다. 뉴스하다나 미디어 날처럼 비영리민간단체로 등록할 독립매체라면 기간 단축을 위해 이 방법을 쓰길 바란다. 인터넷신문사 등록은 해당 지자체에 신청서와 관련 서류를 제출하면 된다. 신청서 양식이나 서류는 지자체 담당 부서에 문의하면 안내해준다.

인터넷신문 기준, 설립에 필요한 서류는 다음과 같다. 발행 주체가 개인인 경우 인터넷신문사업 등록 신청서, 발행·편집인 기본 증명서, 발행소 임대차계약서가 필요하다. 법인(격)인 경우 정관, 단체 등록인 경우 단체 규약과 설립 증명서 등을 추가 제출한다. 신청서에는 상호와 법인(단체)일 경우 명칭, 주 사무소와 홈페이지, 대표자, 발행소, 기사배열 책임자 정보를 기재한다. 발행 목적과 내용, 유가·무가 여부를 작성해야 한다.

신청서 작성 전 기존에 등록된 정기간행물 중 같은 명칭이 있는지 확인이 필요하다. 등록 지자체에서 중복 여부를 가장 먼저 확인하기 때문이다. 문화체육관광부의 정기간행물 등록관리시스템 제호검색 서비스에서 사용하고자 하는 제호의 중복 여부를 찾아볼 수 있다.

홈페이지 개설과 주 사무소를 어디로 할지 미리 정해야 신청서 작성에 어려움이 없다. 주 사무소(발행소)를 발행인의 집으로 등록해도 된다. 다만 임대·전대차 계약서가 있어야 하니, 대표자 본인 명의가 아니라면 부모나 부부 등 가족 간에도 계약서를 작성해 제출해야 한다.

홈페이지는 신청 단계에서 담당 공무원이 실제 운영이 가능한지 확인한다. 신청서에 기재하는 발행인과 편집인은 한 사람이 겸직해도 된다. 발행·편집인은 신문법상 결격사유(금고 이상의 형 선거 등)에 해당사항이 없어야 한다.

인터넷신문사업 등록증					
등록번호	인천, 아01570	제 호		뉴스하다	
종 별	인터넷신문	간 별	인터넷신문	인터넷 홈페이지 주소	newshada.modoo.at
발 행 소	(우)21344, 인천광역시 부평구 송신로209번길 41, 801-602호(삼산동, 주양아파트)			전화번호	010-4555-3779
발 행 인	인천경기탐사저널리즘센터 이창호				
편 집 인	홍봄				
인 쇄 인					
인쇄장소					
발행목적	탐사저널리즘				
발행내용	권력, 자본, 세금 등 감시				
보급지역	[전국]				
보급대상	일반 국민		유가·무가(有償·無償)		무가

뉴스하다 인터넷신문사업 등록증.
홈페이지 주소가 처음 썼던 '뉴스하다.모두'로 표기돼있다.

뉴스하다는 '단체' 형식으로 인터넷신문사 등록을 했다. 신청서를 제출하는 시점에 비영리민간단체 등록증이 나오지 않아, 설립 확인이 가능한 등록증(고유번호증)을 따로 내야 했다. 등록 처리 기간은 20일이지만 발행·편집인 범죄경력조회(3~5일)를 거쳐 보통 10일 내 이뤄지고, 등록면허세 2만 7천 원을 납부하면 인터넷신문사업 등록증이 나온다.

비영리 임의단체 등록

비영리조직은 크게 ① 법인으로 보는 단체(비영리 임의단체) ② 비영리민간단체 ③ 비영리법인(사단법인, 재단법인, 사회적협동조합)으로 나뉜다. ①에서 ③으로 갈수록 설립 요건과 절차가 까다롭다.

이 중 비영리 임의단체 등록은 독립매체 운영을 위해 꼭 필요하다. 은행거래나 CMS 개설을 하려면 사업자등록증이나 고유번호증이 있어야 하기 때문이다. 비영리 임의단체로 등록하면 고유번호증이 나온다. 등록 절차는 비교적 쉽고 빠르다. 관할 세무서 민원실이나 온라인 홈택스로 신청하고 고유번호증을 받으면 된다.

고유번호증 발급을 위한 준비서류는 정관과 대표자 선임신고서, 대표자 신분증, 직인, 사무실 임대차계약서, 회원 명단, 총회 회의록 등이다. 신청에 앞서 회원들과 발기인(창립) 총회를 열어 정관과 대표자 등을 정하고, 필요 서류를 작성해야 한다. 최소 2인 이상의 발기인을 충족하면 된다. 정관에는 단체 목적이 수익사업을 하지 않는 비영리단체임을 명시하고, 회의록에는 참석한 발기인 전원이 서명한다.

사무실 주소지를 둔 지역 세무서로 가면 고유번호증을 당일에도 받을 수 있다. 타 지역 세무서이면 1~3일이 걸린다. 국세청 홈택스 홈페이지에서는 개인사업자로 등록을 신청하되, 사업자 유형을 '종교단체 이외의 비사업자'로 선택하면 된다.

고유번호증은 대표자 1명 명의로 등록하기를 추천한다. 2인 이상 공동대표를 등록하면 법인통장을 발급하거나 주요 정보 등을 변경할 때 공동대표 모두의 동의가 필요하다. 매번 위임장을 받거나 함께 기관을 방문해야 하기 때문에 업무 처리가 번거롭다. 고유번호증은 설립등록증, 사업자등록증처럼 사용할 수 있으나, 세금계산서는 발행할 수 없다. 증빙을 위한 계산서나 간이영수증 발행은 가능하다.

고 유 번 호 증

고유번호 : 495-80-02682

단 체 명 :	인천경기탐사저널리즘센터	
대 표 자 성 명 :	홍봄	생 년 월 일 : 19■■■■■
소 재 지 :	인천광역시 부평구 충선로209번길 41, 8층 1~2호(삼산동, 주영이레타운)	
발 급 사 유 :		

인천경기탐사저널리즘센터(뉴스하다) 고유번호증. 대표자는 1인으로 설정했다.

비영리민간단체 등록

영리를 추구하지 않는 독립언론은 공익활동 수행을 주 목적으로 하는 비영리민간단체와 결을 같이 한다. 공익활동을 통해 민주사회 발전에 기여한다는 지향점도 같다. 독립언론사가 모두 비영리민간단체로 등록해야 하는 것은 아니지만, 공익성이라는 정체성을 강화하고 지켜나가는 데 도움이 되는 조직 형태다.

뒤에 서술할 기획재정부 공익단체 등록을 위해 꼭 필요한 자격이라는 점에서도 비영리민간단체 등록을 해놓으면 좋다.

주식회사 형태는 영리활동이 가장 큰 목적이기 때문에 독립언론에는 맞지 않다. 그리고 자본금을 많이 출자한 사람이 의사결정권을 가지게 된다. 사회적협동조합은 민주적 의사결정이 가능하다는 점에서 비영리민간단체와 맥락이 같고, 출자자에게 배당할 수 있다는 점에서는 주식회사와 비슷하다.

비영리민간단체는 투자금을 받지도 않고 배당도 할 수 없다. 오직 독립매체 운영에만 자금을 쓸 수 있다. 결국 광고나 협찬을 받지 않고 독자와 회원 후원금으로만 운영하는 독립매체에 가장 적합하고 합리적인 회사 형태가 비영리민간단체다.

비영리민간단체는 몇 가지 조건을 갖추면 단체의 주된 공익활동을 주관하는 중앙행정기관장이나 지자체장에게 등록을 신청할 수 있다. 2개 이상 시·도에 사무 실이 있고 사업이 걸쳐있는 경우, 주요 사업을 주관하는 중앙행정기관장에게 등록한다. 사무실이 단일 지역에 있고 사업도 단일 지역에서 할 때는 소재지 시·도지사에게 등록하면 된다. 등록 조건은 다음과 같다.

1. 사업의 직접 수혜자가 불특정 다수일 것
2. 구성원 상호간에 이익분배를 하지 아니할 것
3. 사실상 특정 정당 또는 선출직 후보를 지지·지원 또는 반대할 것을 주된 목적으로 하거나, 특정 종교의 교리 전파를 주된 목적으로 설립·운영되지 아니할 것
4. 상시 구성원수가 100인 이상일 것
5. 최근 1년 이상 공익활동 실적이 있을 것
6. 법인이 아닌 단체일 경우에는 대표자 또는 관리인이 있을 것

비영리민간단체 지원법 제2조

사익을 추구하지 않는 독립언론의 성격상 이 중 상당수 조건은 자연히 갖춰진다. 비교적 충족이 까다로운 조건은 상시 구성원수 100인과 최근 1년 이상 공익활동 실적이다. 상시 구성원수 100인은 비영리민간단체의 정회원격에 해당한다. 회원정보와 가입일 등을 작성해 관리하는 명단이 최소 100명이어야 한다. 100인 명단은 지자체 등 행정기관에 단체 등록 신청서를 낼 때 첨부한다.

담당 기관마다 다르겠지만 뉴스하다가 등록한 인천시는 서류 심사 과정에서 명단에 있는 일부 구성원에게 무작위로 연락을 했다. 실제로 활동하는 회원인지 확인하기 위해서였다. 이 명단은 1년에 한 차례 비영리민간단체 등록사항 점검 시에도 변동 여부를 확인하기 때문에

지속적인 관리가 필요하다.

비영리민간단체 창립을 위해 정회원 100명을 모으는 일은 생각보다 만만하지 않다. 뉴스하다 운영 주체인 센터 정회원은 취재를 하면서 만난 시민이 다수다. 뉴스하다가 지역 토착세력을 감시하겠다고 선언하면서 출범했기 때문에 어떠한 형태로든 보도에 개입하거나 청탁할 가능성이 있는 단체나 사람은 배제했다. 정당은 물론, 언론 관계자나 지역 시민단체 등도 마찬가지였다. 그렇다 보니 100명을 모으는 게 쉽지가 않았다.

다행히 설립 취지에 동의하는 시민들이 있었고 이들이 주변 사람을 설득해 추천해줬다. 함께재단과 뉴스타파, 뉴스쿨 동기들, 뉴스민 등 다른 지역에서 독립언론을 하는 분들이 힘을 실어주기도 했다.

독립언론 창간을 준비하고 있다면 정회원 명단과 함께 공익활동 실적에 대한 기록을 미리 준비해두는 것이 좋다. 1년 이상 실적이 필요하기 때문에 창간 이후부터 실적을 쌓으려고 하면 그만큼 등록 기간이 늦어질 수 밖에 없다.

실적으로는 (가칭)단체명으로 기사 발행이나 시민 활동, 모임을 진행한 사진 등의 기록이 필요하다. 단체명이 다른 공익활동 실적은 인정받기 어렵다.

기획재정부 공익단체 지정

공익단체란 '비영리민간단체 지원법'에 따라 등록된 단체 중 일정 요건을 충족한 단체로, 행정안전부 장관 추천을 받아 기획재정부 장관이 지정한다. 옛 기부금대상민간단체에서 명칭이 바뀌었다. 공익단체 지정은 비영리민간단체 등록을 완료해야 신청 자격이 생긴다. 비영리민간단체와 별도로 행안부에 서류를 제출해 심사 절차를 거친다.

비영리민간단체와 같이 공익단체도 독립매체 운영에 필수는 아니다. 그럼에도 공익단체 신청을 하는 이유는 후원자들이 적게나마 세액 공제를 받을 수 있기 때문이다.

독립언론사는 재원의 상당 부분을 시민 후원금으로 충당한다. 그렇다 보니 매년 연말정산 기간이나 종합소득세 신고 기간이 되면 세액공제 가능 여부 문의가 많다. 공익단체에 후원하는 시민은 연말정산 시 소득금액의 30% 내에서 1천만 원 이하의 기부금은 15%, 초과분은 30%까지 공제받을 수 있다.

세제 혜택을 주는 만큼 공익단체 지정 요건과 유지 조건 등이 까다로운 편이다. 신청 요건은 다음과 같다.

1. 해산시 잔여재산을 국가·지방자치단체 또는 유사한 목적을 가진 비영리단체에 귀속하도록 한다는 내용이 정관에 포함되어 있을 것
2. 수입 중 개인의 회비·후원금이 차지하는 비율이 기획재정부령으로 정하는 비율을 초과할 것
3. 정관의 내용상 수입을 친목 등 회원의 이익이 아닌 공익을 위하여 사용하고 사업의 직접 수혜자가 불특정 다수일 것
4. 지정을 받으려는 과세기간의 직전 과세기간 종료일부터 소급하여 1년 이상 비영리민간단체 명의의 통장으로 회비 및 후원금 등의 수입을 관리

할 것

5. 행정안전부장관의 추천일 현재 인터넷 홈페이지가 개설되어 있을 것. 인터넷 홈페이지와 국세청의 인터넷 홈페이지를 통하여 연간 기부금 모금액 및 활용실적을 매년 4월 30일까지 공개한다는 내용이 정관에 포함되어 있을 것

6. 지정을 받으려는 과세기간 또는 그 직전 과세기간에 공익단체 또는 그 대표자의 명의로 특정 정당 또는 특정인에 대한 「공직선거법」 제58조제1항에 따른 선거운동을 한 사실이 없을 것

소득세법 시행령 제80조 제1항 제5호

공익단체 지정 처리 절차는 비영리민간단체가 신청하면, 행정안전부가 추천하고 기획재정부가 최종 지정한다. 행정안전부에 추천 신청을 하는 기간은 매년 3월과 9월 두 차례다. 등록을 원하는 단체는 행안부에 추천 신청서와 전년도 수입 내역, 단체 통장 내역, 총회를 통과한 수지결산서와 예산서, 선거운동 사실 확인서 등의 서류를 내야 한다. 비영리민간단체 등록증, 고유번호증, 단체 정관, 1년 이상 사용한 단체 명의 통장, CMS 자료 등도 제출한다.

뉴스하다의 경험상 필요한 서류는 많지만 지자체 비영리민간단체 등록에 비하면 심사 자체는 까다롭지 않다고 느꼈다. 앞서 비영리민간단체로 등록하는 과정에서 여러 검증을 거쳤기 때문이라 판단한다. 행안부는 2개월가량 검토 및 추천 기간을 거쳐 기획재정부로 서류를 넘긴다. 행안부가 서류를 검토하는 기간 동안 보완 요청이 올 수 있다. 추가로 연락이 오지 않으면 서류에 문제가 없다는 의미다. 제출

3개월이 되는 날 기재부가 지정 결과를 발표한다. 공익단체 신규 지정 기간은 3년이다. 이후 자격을 갖추면 6년간 재지정을 받을 수 있다. 매년 결산보고서를 행안부에, 수입명세서를 세무서에 제출하는 등 이행 의무를 다해야 재지정이 가능하다.

홈페이지 제작

홈페이지는 언론사 등록 신청 서류에 기재해야 하기 때문에 미리 구축해둘 필요가 있다. 고유 홈페이지가 없으면 등록이 되지 않는다. 뉴스하다는 초기 창업 비용을 아끼기 위해 네이버 '모두' 서비스를 이용했다. 뉴스타파도 초기에는 다음 티스토리를 활용해 기사를 발행했다.

'모두' 서비스는 네이버 가입자라면 정해진 틀에 따라 홈페이지를 만들고 기사를 올릴 수 있는데, 아쉽게도 2025년 6월 서비스를 종료했다. 다수 언론사가 인터넷신문사 홈페이지 제작 전문 기업인 엔디소프트, 미디어온, 인스정보미디어 등 업체에 맡겨 제작한다.

뉴스하다는 창간 전 노보를 엔디소프트를 이용해 제작했다. 이용료는 기본으로 제작비용 22만 원, 매달 사용료 16만 5천 원이 들어간다. 이런 서비스는 엔디소프트 말고도 다양하다.

비용 부담을 줄이는 방법으로 워드프레스를 활용할 수 있다. 워드프레스는 연간 사용료를 내는 방식인데, 업체에 맡기는 방식에 비해 초기에 홈페이지를 디자인하고 구축하는 데 수고가 든다. 활용하는 방법이 익숙하지 않다면 학습이 필요하다. 뉴스하다의 경우 뉴스타파 함께재단 소속 전문가에게 도움을 받았다. 홈페이지 하단에는 언론사 제호 주 사무소, 전화번호, 등록번호, 등록연월일, 발행인, 편집인, 개인정보관리 책임자, 청소년보호책임자 등 정보를 표기해야 한다. 또 개인정보처리방침과 청소년보호정책을 홈페이지에 게시해야 한다. 이 내용이 홈페이지에 없거나 제때 변경을 하지 않으면 신문법 미준수로 보완 요청을 받을 수 있다. 발행인과 편집인, 주소, 홈페이지 도메인 등 등록사항에 변경이 있으면 30일 이내에 변경 등록해야 한다. 지자체에서 보완 요청이 오면 해당 사항을 고쳐서 회신하면 된다.

법인통장 개설

비영리 임의단체로 등록하고 고유번호증을 받으면 법인통장을 발급할 수 있다. 고유번호증, 정관, 단체 대표를 선출한 회의록, 직인이 필요하다. 법인통장 체크카드는 필요한 만큼 다수로 만들 수 있다. 처음 법인통장을 개설할 때는 거래 실적이 없기 때문에 이체 한도가 제한된다. 은행과 지점, 담당자마다 한도를 풀어주는 기준이 다르다. 뉴스하다는 거래 활동이 어느정도 쌓인 다음 관련 자료를 제출하고서야 이체 한도가 늘어났다.

고유번호증 신청과 통장 발급까지 끝나면 후원회원 모집을 위한 CMS 가입이 가능해진다.

후원회원 CMS 등록

CMS는 고객 동의를 받아 고객 계좌에서 자금을 출금하거나 고객 계좌로 자금을 입금하는 전자금융 서비스다. 후원 신청을 받을 때 CMS를 사용하면 관리가 비교적 용이하다. 후원자가 따로 계좌이체를 신청하지 않더라도, 후원 페이지에 기본 정보를 입력하면 지정한 날부터 출금이 이뤄진다.

CMS 시스템에서는 정기후원과 일시후원 등 후원 형태와 결제 날짜, 금액, 결제수단 등을 선택할 수 있다. 서비스를 제공하는 업체별로 차이가 있으나 자동이체나 신용카드, 휴대폰, 각종 페이 등으로 후원이 가능하다. 결제 동의와 전자서명도 한 번에 받을 수 있다. 후원 신청을 받은 뒤 회원 관리 역시 CMS 시스템을 이용한다. 등록 현황이나 후원금 납부 현황, 회원 상태 등을 관리할 수 있고, 문자 발송 등 부가 서비스를 제공한다.

CMS는 서비스 업체마다 사용료나 시스템, 결제 방식, 고객 응대 등이 다르다. 후원자가 어느 정도 늘고 난 다음 업체를 옮기려면 비용과 수고가 들기 때문에, 처음 개설할 때 여러 조건을 따져보고 신중하게 정해야 한다. 매달 고정적으로 업체 서비스 기본 이용료와 결제사 금융망 접속료가 나가고, 후원금별 결제수단에 따라 수수료가 붙는다. 후원금 정산은 이 수수료를 제외한 금액이 들어온다.

서비스에 가입할 때는 고유번호증과 법인통장사본, 이용 신청서, 거래 확인서, 이용 요금 자동이체 신청서, 개인정보 수집·이용 동의서,

대표자 신분증 등을 보낸다.

CMS를 활용한 회원 모집은 주로 가입 페이지 링크를 활용한다. 서비스에 가입하면 맞춤형 페이지를 제작하고 링크를 보내준다. 홈페이지와 SNS, 뉴스레터 등에 링크를 게시하고, 후원 가입을 문의하는 잠재 회원에게도 전달할 수 있다. 기사를 유통하면서 하단에 후원 링크를 넣기도 한다.

사무실 임대

인터넷신문사 등록과 비영리민간단체 등록 과정에서 모두 임대차계약서가 필요하다. 비영리민간단체를 등록하지 않고 인터넷신문사 등록만 할 경우 집 주소로도 등록이 가능하다.

비영리민간단체는 등록 과정에서 실제 운영을 하고 있는지 실사를 하기 때문에 공적 사무 공간을 마련해야 한다. 회원들이 상시 오갈 수 있는 열린 공간이어야 하고, 집 주소로는 등록이 불가하다.

처음부터 독자적인 사무실을 운영하기에는 임대료가 부담될 것이다. 개별 사무실은 월세 금액도 크지만 수천 만 원에 달하는 보증금을 마련하기가 쉽지 않다. 공유오피스는 소규모로 운영하는 독립매체에 좋은 대안이다. 지역과 업체마다 차이가 있지만, 한 달 임대료 상당의 보증금으로 사무실을 빌릴 수 있다. 회의나 인터뷰가 있을 때 공용 회의 공간을 쓸 수 있다는 것도 큰 장점이다. 공유오피스 중 스튜디오를 갖춘 곳도 있어 영상 촬영에 활용할 수도 있다. 필요로 하는 공간이 무엇인지 염두에 두고 발품을 많이 팔기를 추천한다.

사무실에 주소를 두고 자료 관리를 하는 것이 목적이라면 자체 공간은 크지 않아도 된다. 뉴스하다 첫 사무실은 1평짜리 공유오피스였다. 녹음을 하거나 조용히 일해야 할 때는 그 공간을 사용했고, 회의를 하거나 함께 자료를 살펴볼 때는 공용 공간을 썼다. 사무실 내에서 작업을 많이 한다면 어느 정도 자체 공간을 확보해야 하겠다. 사무실 체류 시간이 긴 경우 단독 냉난방이 가능한지도 확인하면 좋다. 공유오피스 냉난방은 중앙제어가 많아 불편을 겪을 수도 있다.

공유오피스 임대도 어렵다면, 임(전)대차로 '숍앤숍'을 빌릴 수도 있다. 뉴스하다는 노보 운영 당시 하나의 사무실을 쪼개 일부만 빌리는 전대차 계약을 했다.

기사 유통

독립언론사에 몸담으면서 가장 어려운 점이 기사 유통이다. 처음 매체를 창간하면 포털에 입점하기까지 기사 노출이 잘 되지 않는다. 이때 SNS, 뉴스레터(이메일), 유튜브 등 다양한 방식으로 기사 배포가 가능하다.

지금까지 나온 플랫폼 가운데 가장 공평한 방식은 유튜브다. 구독자 수와 관계없이 알고리즘이나 태그에 따라, 또는 이용자 관심도에 맞춰 수만~수십만 조회수가 나오기도 한다.

쇼츠가 수백만 조회수를 올려주기도 한다. 인스타그램에도 동시 유통이 가능하기 때문에 쇼츠 뉴스를 만드는 걸 권장한다. 뉴스하다는 '1분 뉴스' 형태로 쇼츠 제작에 접근했는데, 실제로는 긴 영상을 만든 이후 쇼츠로 압축하는 방식을 택했다. 유튜브는 X와 연동되기도 한다. 인스타그램, 페이스북, 카카오스토리 등 SNS는 이용자들과 활발하게 소통한다면 유통에 큰 도움이 된다. 뉴스하다는 소통 중심 SNS에는 기사 요약을 올리고 홈페이지에서 기사 본문을 볼 수 있도록 유도한다. 실제 뉴스하다 홈페이지에 접속하는 독자 경로를 보면 절반 정도는 SNS를 통한다. 특별히 SNS에서 많이 회자되거나 공유되는 기사는 그 비중이 높아진다.

뉴스레터는 수백~수천 명에게 이메일로 기사를 보낼 수 있고 방식도 편리하다. 그런데 메일을 열어보는 확률이 낮다. 뉴스하다 뉴스레터 개봉률은 20~30%로 꽤 높은 편이다. 뉴스레터는 발송 서비스를 이용한다. 구독자가 많지 않을 때는 체험판처럼 무료로 서비스를 이용할 수 있다. 뉴스하다가 이용 중인 발송 서비스는 구독자 500명 이상부터 구독자 수에 따라 연간 사용료를 지불한다.

카카오가 운영하는 '브런치스토리'는 뉴스 검색 노출에 용이하다. 독립언론사를 시작하면 포털사이트에 기사가 검색되지 않는다. 브런치에 글을 올리면 다음에서 검색도 되고, 구글 뉴스도 브런치를 기사로 인식해서 노출해준다. 네이버 블로그는 네이버와 다음에서 동시 검색된다. 브런치와 블로그가 SNS보다 좋은 점은 글자 수 제한이 없어 해당 페이지에서 직접 기사 내용을 볼 수 있다는 점이다. 다음 티스토리, 채널 등도 활용할 수 있다.

공익활동에 관심이 있는 사람이 많이 모인 온라인 공간을 활용하는 방법도 있다. 뉴스하다는 기사를 발행하면 사회적협동조합 빠띠가 운영하는 온라인 플랫폼에도 함께 올린다. 플랫폼 안에서도 구독자를 모을 수 있고, 시민들의 관심이 많은 분야나 눈여겨봐야 할 뉴스는 메인 화면에 걸리기도 한다.

SNS나 뉴스레터, 온라인 활용에 비해 독자 유입이 확실한 수단은 문자다. 독립언론을 잘 알고 지지하는 후원회원을 대상으로 하기에 그만큼 관심도가 높다. 너무 자주 보내면 가독성이 떨어지니 주의해야 한다. 힘을 주고 싶은 기사나 꼭 알려야 하는 기사가 있을 때 배포 수단으로 활용하면 좋겠다.

후원회원 모집

정기후원회원 모집은 지속가능한 독립언론사 운영을 위해 매우 중요하다. 정기회원이 꾸준해야 매달, 매분기, 매년 살림 규모를 확정할 수 있다. 회원별로 후원 액수 차이가 있지만 1인당 한 달에 약 13,000원이 평균이다. 한 식구가 된다고 생각해 어떤 분은 고액을 수시로 하기도 한다.

한 사람이 최저임금을 받고 활동하려면 정기후원자 약 200명이 있어야 한다. 키다리아저씨가 있지 않은 이상 정기후원자 400명이 돼야 저널리스트 두 명의 최저임금이 확보된다. 비영리단체 설립 초창기는 구성원들의 지인 위주로 후원회원이 모인다고 한다. 뉴스하다의 경우도 초반에는 독립언론 창간의 뜻을 알고 지지해주던 지인이나 취재로 만났던 사람이 주로 정기후원을 했다. 그러다 기사가 쌓이고, 보도를 보는 사람이 늘어나면서 일면식 없는 시민 후원이 더해지기 시작했다.

후원 안내는 기본적으로 홈페이지와 SNS를 이용한다. 홈페이지에서는 CMS 페이지로 연결되는 후원 코너를 만들어 안내한다. 매체별로 이 노출 방식이 조금씩 다르다. 홈페이지 상단이나 하단에 후원란을 고정시키는 곳이 있고, 기사를 다 읽으면 후원 안내가 나오는 곳도 있다.

SNS는 소개란에 후원 안내를 하고, 게시물을 올릴 때도 하단에 링크를 포함할 수 있다. 유튜브나 페이스북과 같이 댓글에 링크가 활성화되는 SNS의 경우 고정댓글에 후원회원 모집 링크를 다는 것도 주목도를 높이는 방법이다. 후원회원이 되어달라는 메시지 작성에는 많은 고민이 필요하다. CMS 페이지와 SNS 게시글 등에 꾸준히 활용되기 때문이다. 뉴스하다의 경우 '뉴스하다는 권력과 자본의 간섭 없이 진실만을 보도하기 위해, 광고나 협찬 없이 오직 후원회원들 회비로만 제작됩니다. 정기후원으로 더 나은 세상을 만들어주세요'라는 문구를 사용한다.

후원회원은 독립언론사 기사나 활동을 보고 상시적으로 늘기도 하지만 캠페인으로 늘기도 한다. 캠페인이 생소한 매체는 앞서 활동한 비영리단체 사례를 참고하면 좋겠다.

뉴스하다는 1주년 후원회원 모집 캠페인을 준비하며 참여연대와 전태일의료센터 등의 캠페인 방식과 페이지를 참고했다. 서울시공익활동지원센터가 펴낸 비영리단체를 위한 후원자 모금 자료도 도움이 됐다. 그중 누구나데이터에서 쓴 '비영리단체 성장 공식, 잠재후원자 모금' 한 파트를 소개하고 싶다. 불리한 모금과 유리한 모금을 비교한 대목이다.

"불리한 모금은 메시지에 대의명분 또는 감정적 호소만 제시하고 모금 목표액 산출 근거를 알 수 없다고 한다. 반면 유리한 모금은 문제 해결을 위해 수행할 사업과 예산 계획을 구체적으로 제시하고, 그 산출 근거도 명확하다."

뉴스하다는 여기서 아이디어를 얻어 '후원회원 400명이 되면 2명의 제작진이 최저임금을 받을 수 있다'는 모금 메시지를 만들었다. 또 모금 메시지는 기관(법인)이 화자가 되는 것보다 대표자나 현장 활동가 등 사람이 화자로 등장하는 것이 유리하다. SNS, 문자메시지, 이메일 등 활자를 통한 모금보다는 전화, 대면 등 육성을 통한 모금이 좋다고 한다.

세무회계

처음 독립매체 창업에 들어선 사람도, 기성언론에서 독립언론으로 갈아탄 사람도 세무회계 분야는 예상 밖의 업무다. 처음 시작하는 독립매체는 통장에 들어오는 돈도 적고, 나가는 돈 대부분은 인건비일 것이다. 그래서 '세무회계 업무가 얼마나 있겠냐?'는 의문을 가질 수 있다. 그런데 세무회계는 먹고 사는 문제임과 동시에 우리가 걸어온 길을 보여주는 지표이기에 매우 중요하다. 특히 광역자치단체 비영리민간단체 등록 뒤, 행정안전부와 기획재정부에 공익단체(옛 기부금대상민간단체)로 지정을 받으려면 1년치 통장을 통째로 제출해야 하기에 신경써야 할 일이다.

비영리민간단체 회계 중 가장 중요한 점은 회원 관리와 연말정산, 그리고 인건비 지급이다. 뉴스타파함께재단이 추천한 회원관리 프로그램은 휴먼소프트웨어 MRM이었다. MRM은 2천여 개 비영리단체에서 도입한 후원회원 관리 프로그램이다. 인적자원(후원자, 회원, 봉사자, 협력기관, 잠재후원자, 이용자, 학생, 강사 등) 에 대한 통합적인 관리 기능과 함께 체계적인 업무 프로세스가 프로그램에 들어있다. 또 온라인 CMS 증빙자료 처리, CMS 출금 신청, 기념일 문자 발송, 기부금영수증 발급 및 연말정산간소화 등 반복적인 주요 업무를 자동화할 수 있어 업무량이 감소된다.

뉴스하다는 '해피나눔(효성에프엠)'을 쓰고 있다. 기능은 MRM과 유사하다. 시스템을 선택하기 전 상담을 받고 매체에 맞는 걸 고르기 바란다.

2025년 최저임금 기준 1인당 월 급여는 2,096,270원이다. 국민연금 94,320원, 건강보험료 74,310원, 장기요양보험료 9620원, 고용보험료 18,860원, 소득세 22,420원, 지방소득세 2240원 등 총 221,770원을 공제하면 1,874,500원을 받는다. 비영리민간단체(운영주체)는 한 사람의 월 급여에 회사분 국민연금 94,320원, 건강보험료 74,310원, 장기요양보험료 9620원, 고용보험료 24,100원, 산재보험료 21,420원(업종에 따라 변동) 등 총 223,770원을 내야 한다.

공제 내역 계산은 '노동OK(한국노총 부천상담소 운영)' 홈페이지 임금 계산기를 이용할 수 있다. 급여명세서는 '노동부 임금명세서'를 검색해 사용할 수 있다. 소득세는 매달 받은 급여를 다음달 10일까지 국세청 홈택스로 신고해야 한다. 지연되면 연체금을 낸다.

4대보험은 '사회보험통합징수포털'에 접속해 가입과 납부를 할 수 있다. 여기서 되지 않을 경우 각 보험공단(국민연금공단, 건강보험공단, 고용24, 근로복지공단) ARS 상담이 필요하다.

뉴스하다는 회계 쪽 업무가 가장 낯설었다. 처음에는 급여 신고, 4대보험 가입을 어떻게 하는지도 몰랐다. 비영리민간단체 대표로 선출된 사람은 고용보험과 산재보험에 가입할 수 없다는 것도 나중에야 알았다.

4대보험 중 가장 유용한 것은 건강보험이었다. 당사자나 가족이 의료 혜택을 볼 수 있고, 건강보험 납부를 기준으로 경력 산정도 하기 때문이다. 1인 독립언론은 건강보험과 국민연금만 가입할 수 있다. 2인일 경우 나머지 한 사람은 4대보험 혜택을 모두 받을 수 있다.

뉴스하다는 우연하게 센터 감사로 세무회계 준전문가가 선임된 덕분에 4대보험, 급여 신고 등 많은 도움을 받았다.

인력 채용

1인 월 급여를 주기 위해 회사는 최저임금과 4대보험 회사 부담분까지 더해 2,320,040원을 써야 한다. 2인이면 약 460만 원이다. 후원회원이 350명가량 돼야 월급 460만 원을 줄 수 있다. 3명 급여 690여만 원을 주려면 후원자 530명 이상을 모아야 한다. 아직 뉴스쿨 출신 독립언론사 가운데 이에 다다른 매체는 없다. 뉴스하다가 그에 근접했다.

뉴스하다는 창간부터 지금까지 새로운 사람을 채용하지 않았지만, 무리하게 인력을 확장할 계획은 없다. 기성매체에서 근무하면서 '사람이 돈을 벌어온다'는 생각으로 운영하다 실패한 언론사를 많이 봤다.

독립언론사는 운영비가 명백하게 후원금에서 오기 때문에 후원 규모가 증가하지 않는 이상 인력 충원은 독이 될 가능성이 높다. 업무량이 많을 때 노동부 지원을 받는 인턴도 생각해봤지만 이 또한 지속 가능성을 보장할 수 없어 포기했다. 기한의 정함이 있는 채용은 지양하는 게 좋겠다.

08

에필로그

뉴스쿨이 배출한 6번째 독립언론

이 책에 실린 비영리 독립언론사 5곳의 창업기를 탈고할 무렵 또 하나의 새 독립매체가 출범했다. 아시아 전문 탐사보도 매체를 표방한 <두니아Dunia>다. 'Dunia'는 남아시아나 동남아시아 지역에서 '세계'라는 뜻으로 통용되는 단어다. 두니아라는 이름에서 이 매체의 취재 대상을 짐작케 한다. 바로 남아시아와 동남아시아가 활동 무대다. '모두가 평등한 세상'을 지향하는 국제뉴스 전문 비영리 독립언론사로 한국과 아시아 각국의 독립매체와 시민사회단체 및 연구자와 협업해 한국은 물론 아시아 지역에 꼭 필요한 정보 제공을 목표로 한다.

뉴스쿨이 배출한 6번째 비영리 독립언론사다. 뉴스쿨 3기로 뉴스타파 뉴스룸에서 1년의 펠로우 과정을 거친 이슬기 기자가 2025년 뉴스쿨 4기를 수료한 안치환 기자와 함께 창업했다.

두니아는 창업과 동시에 뉴스타파함께재단이 주관하는 한국독립언론네트워크KINN에 11번째 회원사로 가입했다. 두니아가 가입하기 직전에는 영상을 기반으로 하는 기후 환경 전문 독립매체인 <새알미

디어>와 일본 독립매체인 <생활뉴스커먼즈生活ニュースコモンズ>, <탄사探査> 등도 KINN에 합류했다.

KINN이 만드는 새 언론 생태계

새알미디어는 뉴스타파 '목격자들' 프로그램을 제작하고 뉴스타파 영화 '월성'을 감독한 남태제 독립PD가 시작한 매체다. 생활뉴스커먼즈는 일본 아사히신문과 마이니치신문 출신 여성 기자들이 만든 일본 특정 비영리법인NPO法人으로 뉴스를 상업적 상품이 아닌 공공재Commons로 보고 시민의 일상생활에 초점을 맞춘 독립 저널리즘을 추구한다. 이들이 취재한 후쿠시마 원전 반대 활동가와 제주 해녀들의 만남 관련 기사를 뉴스타파함께재단 홈페이지 KINN 뉴스 코너에서 소개한 바 있다. 탄사는 일본 최초의 비영리 탐사보도 매체로 뉴스타파 모델을 벤치마킹한 언론사다. 일본 언론의 기자실 시스템을 비판하고, 일본 최대 광고회사 덴스가 PR회사를 통해 언론사에 돈을 주고 기사형 광고를 게재해온 관행을 폭로해 큰 반향을 일으켰다.

KINN은 회원사 대상 독립언론 콘퍼런스와 탐사보도 기획안 지원 프로그램 등을 운영한다. 그리고 각 사가 취재한 좋은 기사를 KINN 생태계에서 함께 나누고, 또 더 많은 시민에게 다가갈 수 있게 확산하는 시스템을 만들고자 한다. 비영리 독립언론사가 함께 뭉쳐 생산한 좋은 콘텐츠로 세상을 보다 나은 방향으로 만드는 것이 KINN 생태계의 궁극적 목표다.

2025년 12월 펴낸 이 책 <독립언론, 함께 홀로서기>는 2023년 6월부터 2024년 10월까지 창간한 독립매체 5곳의 이야기를 담았다. 이들의 창간 준비 과정과 출범 이후 최장 2년 6개월간의 매체 운영 경험은 또 다른 언론인이나 언론 지망생에게 새로운 상상력을 불러일으킬 수 있을 것이다.

2026년 12월에는 이 책에 담긴 5개 매체의 또 다른 1년 경험을 추가해 개정판을 내려고 한다. 두니아의 이야기도 물론 들어갈 것이다. 그리고 이 책을 여기까지 읽은 독자 여러분에게 KINN 생태계가 조금씩 바꿔나간 세상 풍경도 2026년 개정판에서 새롭게 전해드릴 수 있기를 기대한다.